AF274140

UF0512

TRASMISIÓN DE INFORMACIÓN POR MEDIOS CONVENCIONALES O INFORMÁTICOS

UF0512

TRASMISIÓN DE INFORMACIÓN POR MEDIOS CONVENCIONALES O INFORMÁTICOS

Grupo Montepinar

La ley prohíbe
fotocopiar este libro

UF0512 - TRASMISIÓN DE INFORMACIÓN POR MEDIOS CONVENCIONALES O INFORMÁTICOS
Código THEMA: UFB Paquetes integrados de software
Código BISAC: COM005000
© Grupo Montepinar
© De la edición: Ra-Ma 2026

Editado por:
RA-MA Editorial
Calle Jarama, 33, Polígono Industrial Igarsa
28860 PARACUELLOS DE JARAMA, Madrid
Teléfono: 91 658 42 80
Fax: 91 662 81 39
Correo electrónico: *info@grupoeditorialrama.com*
Internet: *www.ra-ma.es* y *www.ra-ma.com*
ISBN impreso: 979-13-88059-59-9
El e-book de esta obra es accesible y cumple con la norma WCAG 2.2 nivel AAA.
Depósito legal: M-4501-2026
Maquetación: Antonio García Tomé
Diseño de portada: Antonio García Tomé
Filmación e impresión: Safekat
Impreso en España en febrero de 2026

ÍNDICE

SISTEMA OPERATIVO, BÚSQUEDA DE LA INFORMACIÓN: INTERNET/INTRANET Y CORREO ELECTRÓNICO

1

INTRODUCCIÓN AL ORDENADOR

1.1 HARDWARE Y SOFTWARE

El hardware es el conjunto de componentes físicos y tangibles que integran un sistema informático. Incluye todos los elementos materiales que pueden verse y tocarse y que permiten el funcionamiento del ordenador, desde los componentes internos hasta los dispositivos externos conectados al equipo.

Su función es ejecutar las operaciones físicas necesarias para el tratamiento de la información: captación de datos, procesamiento, almacenamiento y presentación al usuario. Cada componente desempeña una función concreta y el correcto funcionamiento del sistema depende de la coordinación entre todos ellos.

1.1.1 Tipología y clasificación del hardware

El hardware puede clasificarse según la función que desempeña dentro del sistema informático, lo que facilita su comprensión y análisis en entornos formativos y profesionales. Se distinguen los siguientes tipos:

- **Hardware de procesamiento**, encargado de ejecutar instrucciones y cálculos, como la Unidad Central de Proceso (CPU) y las unidades de procesamiento gráfico (GPU).

- **Hardware de almacenamiento**, destinado a guardar datos y programas de forma temporal o permanente, como discos duros, unidades SSD y memorias USB.

- **Hardware de entrada**, que permite introducir información en el sistema, como teclado, ratón, escáner o micrófono.

- **Hardware de salida**, encargado de mostrar los resultados del procesamiento, como monitor, impresora o altavoces.

- **Hardware de comunicación**, que posibilita el intercambio de datos entre equipos y redes, como tarjetas de red y adaptadores inalámbricos.

El hardware requiere necesariamente del software para poder realizar cualquier tarea.

1.2 ARQUITECTURA BÁSICA DE UN EQUIPO INFORMÁTICO

La arquitectura de un equipo informático describe la organización interna del ordenador y la relación entre sus componentes principales. Aunque existen diferentes diseños, la mayoría de los ordenadores personales comparten una estructura común.

Los elementos básicos son la CPU, la memoria principal, los dispositivos de entrada y salida, los sistemas de almacenamiento y los buses de comunicación. Todos ellos se encuentran interconectados a través de la placa base, que actúa como soporte físico y canal de comunicación del sistema.

1.2.1 CPU y memoria

La Unidad Central de Proceso (CPU) es el componente encargado de interpretar y ejecutar las instrucciones de los programas y coordinar el funcionamiento del resto del sistema. Está formada por la unidad de control, la unidad aritmético-lógica y los registros internos.

La memoria central almacena temporalmente los datos y las instrucciones necesarias para la ejecución de los programas. Los principales tipos son la **memoria RAM**, volátil y de acceso rápido, y la **memoria ROM**, no volátil, que contiene las instrucciones básicas de arranque. Existen memorias complementarias, como la caché y la memoria virtual, que mejoran el rendimiento del sistema.

1.2.2 Periféricos

Los periféricos son dispositivos que permiten la interacción entre el usuario y el ordenador, así como la comunicación con el entorno externo. Aunque no forman parte del núcleo del sistema, son esenciales para su uso práctico.

Dispositivos de entrada y salida

Los dispositivos de entrada permiten introducir datos e instrucciones, como teclado, ratón, escáner o micrófono. Los dispositivos de salida muestran la información procesada, siendo el monitor el más representativo, junto con impresoras y altavoces.

Dispositivos de almacenamiento

Estos dispositivos permiten guardar datos y programas de forma permanente o temporal. Pueden ser internos o externos y resultan fundamentales para la conservación de la información. Entre los más comunes se encuentran discos duros, unidades SSD, memorias USB y tarjetas SD.

Dispositivos multimedia

Los dispositivos multimedia están relacionados con la captura y reproducción de audio y vídeo y son habituales en entornos educativos, comunicativos y profesionales.

1.3 SOFTWARE

El software es el conjunto de programas, instrucciones y datos que indican al hardware cómo debe funcionar. Aunque no es tangible, es imprescindible para que el ordenador pueda realizar tareas útiles. Actúa como intermediario entre el usuario y el hardware.

1.3.1 Tipos de software

Según su finalidad, el software se clasifica en software de sistema, encargado de gestionar los recursos del ordenador; software de aplicación, destinado a tareas concretas para el usuario; y software de programación, utilizado para desarrollar nuevas aplicaciones.

1.3.2 Sistemas operativos

El sistema operativo es el software principal del ordenador. Su función es controlar el funcionamiento del sistema y facilitar la interacción entre el hardware y el usuario. Gestiona los recursos, permite la ejecución de aplicaciones y garantiza la estabilidad y seguridad del sistema mediante componentes como el núcleo, la interfaz de usuario y los gestores de archivos, memoria y procesos.

2

UTILIZACIÓN BÁSICA DE LOS SISTEMAS OPERATIVOS HABITUALES

El uso cotidiano del ordenador depende directamente del sistema operativo, que actúa como intermediario entre el usuario y el hardware. Con independencia del entorno profesional o del tipo de equipo, resulta imprescindible conocer los principios básicos de funcionamiento de los sistemas operativos más habituales para trabajar con autonomía, seguridad y eficacia. Este apartado aborda los aspectos comunes a entornos como Windows, macOS o las principales distribuciones de Linux con interfaz gráfica.

El sistema operativo es el software fundamental que permite el funcionamiento coherente del ordenador. Se encarga de gestionar los recursos físicos del equipo, coordinar la ejecución de los programas y ofrecer un entorno de interacción accesible para el usuario. Sin él, el hardware carecería de utilidad práctica.

Entre sus funciones principales se encuentran la gestión del procesador, la memoria y los dispositivos conectados, así como la gestión de procesos, que permite la ejecución simultánea y ordenada de varios programas. También administra el sistema de archivos, aplica mecanismos de seguridad y permisos y proporciona una interfaz de usuario que facilita el uso del equipo.

La interfaz del sistema operativo es el conjunto de elementos mediante los cuales el usuario se comunica con el ordenador. En los sistemas actuales predomina la interfaz gráfica (GUI), basada en ventanas, iconos, menús y punteros, aunque las interfaces de línea de comandos (CLI) siguen utilizándose en tareas de administración y diagnóstico.

El entorno de trabajo presenta una estructura común en los sistemas operativos más extendidos. El escritorio constituye el área principal de trabajo, mientras que la barra de tareas o el dock permiten acceder a aplicaciones y notificaciones. El menú de inicio o lanzador de aplicaciones centraliza el acceso a programas y configuraciones. Las ventanas representan aplicaciones o carpetas abiertas y el área de notificación informa sobre el estado del sistema.

El desplazamiento por el entorno puede realizarse mediante ratón, teclado o gestos táctiles, según el dispositivo. El ratón permite acciones básicas como clic, doble clic o arrastrar, mientras que el teclado facilita el uso de accesos rápidos y combinaciones de teclas que mejoran la productividad.

El sistema operativo permite configurar el entorno de trabajo ajustándolo a las preferencias del usuario, como el fondo de escritorio, el tema visual, el tamaño de los iconos o la resolución de pantalla. Estas opciones influyen directamente en la comodidad y eficiencia del trabajo diario.

La organización de la información se realiza mediante carpetas o directorios, dispuestos en una estructura jerárquica que facilita la localización de los datos. Las operaciones básicas sobre carpetas incluyen su creación, renombrado, copia, movimiento y eliminación, acciones que deben realizarse con precaución para evitar la pérdida de información.

Los ficheros constituyen la unidad básica de información almacenada en el sistema y pueden contener distintos tipos de datos. Las operaciones habituales sobre los archivos –abrir, guardar, copiar, mover o eliminar– forman parte del uso diario del ordenador y siguen principios similares a los de las carpetas.

Los sistemas operativos incorporan herramientas básicas como el explorador de archivos, el panel de configuración, el administrador de tareas y la terminal. Estas aplicaciones permiten gestionar el equipo, supervisar su estado y resolver incidencias comunes. La búsqueda integrada se ha convertido en un recurso especialmente eficaz para localizar archivos, aplicaciones o configuraciones.

La gestión de cuentas de usuario es un aspecto clave en la seguridad del sistema. Los sistemas operativos distinguen entre distintos tipos de cuentas y niveles de permisos, lo que permite un uso adecuado del equipo en entornos compartidos.

La realización de copias de seguridad o backups es fundamental para proteger la información. Estas copias pueden almacenarse en soportes externos, redes o servicios en la nube y deben realizarse de forma periódica.

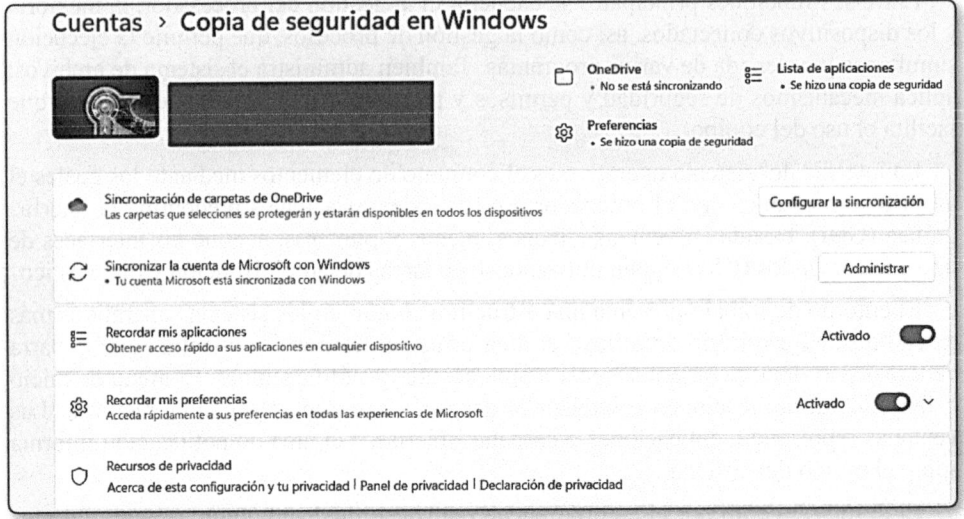

Por último, el sistema operativo permite realizar operaciones básicas en red, como conectarse a redes cableadas o inalámbricas, acceder a recursos compartidos, utilizar impresoras en red y transferir archivos, funciones esenciales en entornos de trabajo colaborativos.

2.1 INSTALACIÓN Y CONFIGURACIÓN BÁSICA DEL SISTEMA OPERATIVO

La instalación de un sistema operativo es una fase esencial en la vida de cualquier equipo informático, ya que de ella depende la estabilidad, seguridad y funcionalidad del entorno de trabajo. En contextos profesionales, una instalación bien planificada reduce incidencias, facilita el mantenimiento y garantiza el cumplimiento de requisitos técnicos y de protección de la información. En este capítulo se describe el proceso de instalación y configuración básica de un sistema operativo moderno, tomando como referencia Windows 11, por ser uno de los más utilizados en entornos domésticos, formativos y de oficina.

2.1.1 Conceptos generales sobre la instalación de sistemas operativos

Instalar un sistema operativo implica preparar el equipo para arrancar correctamente, reconocer el hardware, organizar el almacenamiento y permitir la ejecución de aplicaciones. Durante el proceso se copian archivos esenciales, se configuran parámetros iniciales, se preparan particiones de disco y se establecen las bases para la gestión de usuarios, permisos y seguridad.

Una instalación correcta debe garantizar un entorno estable, compatible con el hardware y seguro desde el primer momento. Asimismo, debe permitir una configuración inicial adecuada al contexto de uso, como idioma, región, zona horaria y opciones básicas de accesibilidad. En entornos profesionales es habitual seguir procedimientos estandarizados para evitar problemas que pueden aparecer a medio plazo si la instalación no se realiza correctamente.

La instalación puede responder a distintos escenarios: primera instalación en un equipo nuevo, reinstalación tras un fallo grave, actualización desde una versión anterior, instalación en arranque dual o instalación en máquina virtual para pruebas o formación. Cada modalidad presenta ventajas e inconvenientes que deben valorarse previamente.

2.1.2 Requisitos previos para la instalación de Windows 11

Antes de iniciar la instalación es imprescindible comprobar que el equipo cumple los requisitos mínimos de Windows 11. Esto incluye un procesador compatible de 64 bits, memoria RAM suficiente, espacio libre en disco y una tarjeta gráfica adecuada. Además, Windows 11 incorpora requisitos de seguridad como firmware UEFI, Secure Boot y módulo TPM, que refuerzan la protección del sistema pero pueden impedir una instalación estándar si no están disponibles o activados.

También es necesario disponer de una licencia válida y de un medio de instalación adecuado, como una memoria USB arrancable o una imagen ISO en entornos virtuales. Aunque el sistema suele instalar controladores de forma automática, es recomendable disponer previamente de los controladores esenciales, especialmente de red y gráficos.

2.1.3 Tipos de instalación en Windows 11

La elección del tipo de instalación depende del estado del equipo y de la necesidad de conservar datos. La instalación limpia elimina el sistema anterior y proporciona un entorno optimizado, siendo la opción recomendada ante problemas graves o cuando se desea empezar desde cero, siempre tras realizar una copia de seguridad.

La actualización desde Windows 10 permite conservar archivos y aplicaciones, aunque puede arrastrar problemas del sistema anterior. Por su parte, la instalación en máquina virtual es útil para formación y pruebas, ya que no afecta al sistema principal, aunque requiere recursos adicionales.

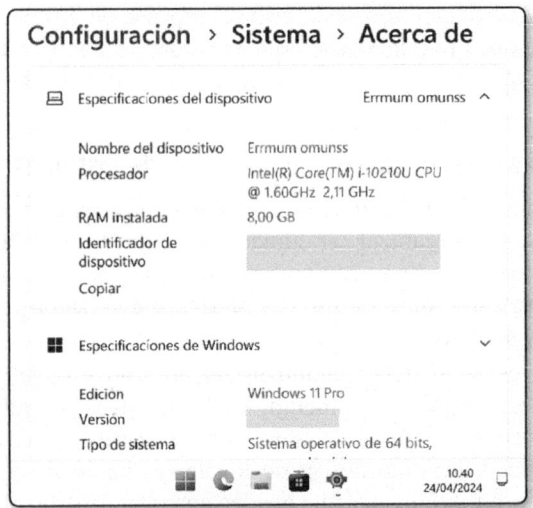

2.1.4 Preparación del medio de instalación y arranque

Para una instalación limpia es necesario preparar un medio arrancable, habitualmente una memoria USB creada con herramientas oficiales. Una vez preparado, el equipo debe arrancar desde dicho medio, lo que puede requerir acceder a BIOS/UEFI y modificar la prioridad de arranque. En una instalación estándar solo deben ajustarse parámetros básicos, evitando cambios avanzados sin conocimiento.

Proceso de instalación de Windows 11

El instalador guía al usuario a través de un asistente en el que se seleccionan idioma, formato de hora y teclado. Posteriormente se introduce la clave de producto o se pospone la activación, se aceptan los términos de licencia y se elige el tipo de instalación.

En una instalación personalizada, el usuario selecciona la partición de destino. Esta fase es crítica, ya que el formateo o eliminación de particiones implica pérdida de datos. Tras la selección, el sistema copia archivos, instala componentes y se reinicia varias veces hasta completar el proceso.

Configuración inicial tras la instalación

Finalizada la instalación, Windows 11 inicia una configuración guiada donde se ajustan región, teclado, red y cuenta de usuario. Puede crearse una cuenta local o vincular una cuenta Microsoft, según el contexto de uso. También se configuran opciones de privacidad, que deben revisarse con atención en entornos profesionales.

Primer inicio y comprobaciones básicas

Tras acceder al escritorio, es recomendable comprobar el correcto funcionamiento del sistema. Las tareas iniciales incluyen la actualización del sistema mediante Windows Update, la revisión de controladores en el Administrador de dispositivos y la configuración básica del nombre del equipo y del tipo de red.

Gestión de cuentas, seguridad y mantenimiento

En un entorno profesional se recomienda utilizar cuentas estándar para el trabajo diario y reservar la cuenta de administrador para tareas de mantenimiento. Windows 11 incorpora herramientas de seguridad integradas que deben mantenerse activas, así como utilidades como el Administrador de tareas y la aplicación Configuración para el control del sistema.

Copias de seguridad y recomendaciones finales

Una vez configurado el sistema, es fundamental establecer mecanismos de recuperación, como puntos de restauración y copias de seguridad periódicas. Una instalación correcta debe incluir verificación previa de requisitos, copia de seguridad, elección adecuada del tipo de instalación, configuración inicial coherente, actualización del sistema, revisión de controladores y adopción de medidas básicas de seguridad.

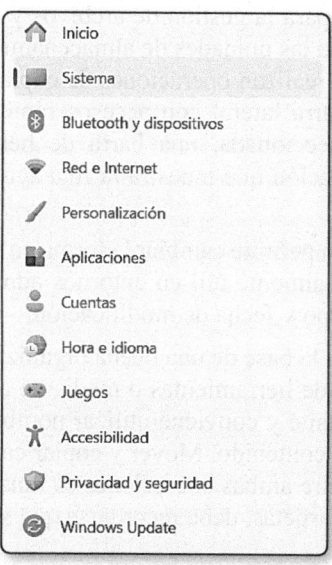

ACTIVIDAD

Elabora un listado ordenado de los pasos necesarios para instalar y dejar operativo un equipo con Windows 11 en una oficina, indicando en qué fases sería necesario validar la actuación con un responsable de sistemas.

2.2 EXPLORACIÓN Y GESTIÓN DE ARCHIVOS Y CARPETAS

La gestión de archivos y carpetas es una competencia esencial en el uso cotidiano de un sistema operativo. En cualquier entorno profesional, la información se almacena en forma de documentos, hojas de cálculo, imágenes o ficheros de trabajo, y su correcta organización influye directamente en la productividad y la seguridad de los datos. Por ello, saber localizar, clasificar, copiar, mover y proteger información resulta tan importante como manejar aplicaciones ofimáticas. En este capítulo se explica cómo se estructuran archivos y carpetas, cómo utilizar el Explorador de archivos de Windows 11 y qué prácticas ayudan a evitar pérdidas de información y errores habituales.

Un archivo es la unidad básica de almacenamiento y puede contener distintos tipos de datos, como texto, imágenes, audio o programas. Una carpeta es un contenedor lógico que agrupa archivos y otras carpetas siguiendo una estructura jerárquica, similar a un archivador físico. Esta organización facilita el orden y la localización de la información.

En Windows, los archivos se identifican por su nombre y extensión, que permite al sistema asociarlos con una aplicación adecuada. Las carpetas, por su parte, no suelen tener extensión y pueden renombrarse sin afectar a su contenido. Es importante no eliminar la extensión de un archivo, ya que podría impedir su apertura correcta.

La herramienta principal para la gestión de archivos y carpetas es el Explorador de archivos. Desde él se accede a las unidades de almacenamiento, se recorren carpetas, se crean nuevos elementos y se realizan operaciones de copia, movimiento o eliminación. El Explorador ofrece una barra lateral con accesos rápidos, una zona central con el contenido de la carpeta seleccionada, una barra de herramientas para operaciones habituales, una barra de dirección que muestra la ruta actual y un cuadro de búsqueda para localizar información.

La opción de visualización permite cambiar la forma en que se muestran los archivos. La vista "Detalles" es especialmente útil en entornos administrativos, ya que muestra información como tamaño, tipo y fecha de modificación.

La creación de carpetas es la base de una buena organización. Puede realizarse desde el menú contextual, la barra de herramientas o mediante atajos de teclado. Renombrar carpetas es una acción frecuente y conviene utilizar nombres claros y consistentes que faciliten la identificación del contenido. Mover y copiar carpetas permite reorganizar la información; la diferencia entre ambas operaciones es fundamental para evitar pérdidas o duplicidades. Al eliminar carpetas, debe recordarse que se eliminan también todos los elementos que contienen.

Los archivos se gestionan de forma similar. Pueden crearse desde aplicaciones o desde el propio Explorador. Renombrarlos exige mantener la extensión cuando sea necesaria. Abrir un archivo suele realizarse con doble clic, aunque puede elegirse una aplicación alternativa mediante la opción "Abrir con…". Guardar correctamente los archivos y utilizar "Guardar como" para crear versiones es una práctica esencial en el trabajo diario.

La copia, el movimiento y la eliminación de archivos siguen los mismos principios que en el caso de las carpetas. Algunos archivos del sistema están protegidos y requieren permisos especiales, lo que evita eliminaciones accidentales.

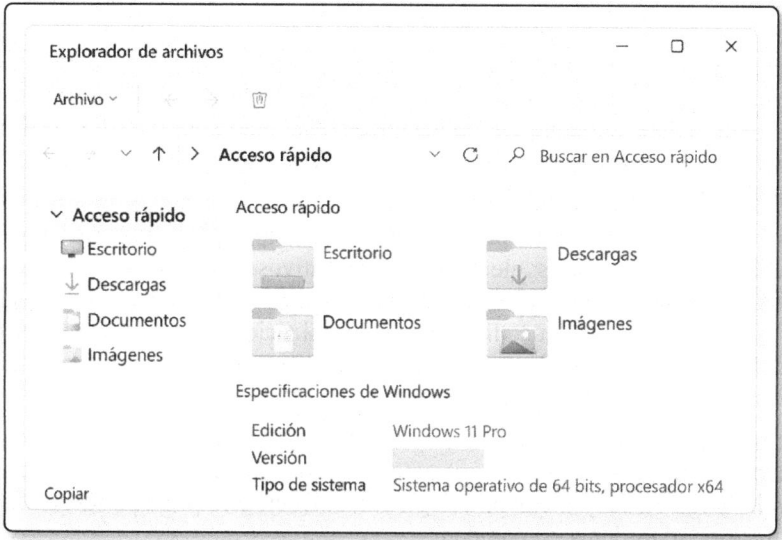

Las propiedades de archivos y carpetas proporcionan información útil como tamaño, ubicación, fechas y atributos. Estos datos ayudan a identificar archivos antiguos, duplicados o de gran tamaño y a gestionar mejor el espacio de almacenamiento.

Para trabajar con eficacia es recomendable aplicar criterios de organización claros, utilizando carpetas temáticas y una nomenclatura coherente. La búsqueda integrada de Windows 11 permite localizar archivos por nombre, tipo o contenido, y puede filtrarse por fecha o tamaño para agilizar resultados.

Los accesos directos facilitan el acceso rápido a archivos o carpetas sin duplicar la información, y las carpetas ancladas al acceso rápido permiten un uso más eficiente del Explorador. La papelera de reciclaje actúa como espacio temporal para recuperar archivos eliminados accidentalmente, aunque vaciarla supone una eliminación definitiva.

Por último, el uso de archivos comprimidos es habitual para agrupar documentos o reducir su tamaño. Windows permite crear y extraer carpetas comprimidas en formato zip sin necesidad de software adicional.

Dominar estas técnicas de exploración y gestión documental permite mantener un entorno de trabajo ordenado, seguro y productivo, especialmente en contextos profesionales y colaborativos.

2.3 CONFIGURACIÓN Y PERSONALIZACIÓN DEL ENTORNO DE TRABAJO

La personalización del entorno de trabajo permite adaptar el sistema operativo a las necesidades reales del usuario y al contexto de uso del equipo. En entornos formativos facilita el aprendizaje y reduce errores, mientras que en entornos laborales mejora la productividad, agiliza el acceso a herramientas habituales y contribuye a la ergonomía y accesibilidad. Windows 11 ofrece numerosas opciones para ajustar la apariencia y el funcionamiento del sistema. El objetivo de este capítulo es que el usuario sea capaz de configurar el entorno de trabajo de forma autónoma, aplicando criterios prácticos y seguros.

Personalizar no se limita a cambiar colores o fondos, sino que implica organizar el espacio de trabajo para facilitar las tareas diarias. Un entorno limpio y coherente reduce el tiempo dedicado a buscar aplicaciones o documentos y mejora la eficacia. Por el contrario, un escritorio saturado o una barra de tareas sobrecargada puede generar desorden visual y dificultar el trabajo.

El escritorio es el área principal de trabajo del sistema. En él se muestran accesos directos, la papelera y otros elementos informativos. Aunque es habitual guardar documentos directamente en el escritorio, esta práctica no resulta recomendable en entornos profesionales, ya que dificulta la organización y las copias de seguridad. Es preferible utilizarlo como zona de acceso rápido a aplicaciones y carpetas clave, manteniendo los documentos en ubicaciones estructuradas.

La personalización del escritorio incluye el fondo de pantalla y los colores del sistema. En contextos laborales y formativos se aconsejan fondos neutros y poco saturados, que reduzcan la fatiga visual y mejoren la legibilidad. El criterio principal debe ser siempre funcional: claridad, orden y comodidad.

La barra de tareas es un elemento esencial para la gestión del trabajo. Permite acceder rápidamente a aplicaciones ancladas, cambiar entre programas y consultar notificaciones del sistema, como red, sonido o batería. Windows 11 permite personalizar su comportamiento, mostrar u ocultar elementos y configurar qué iconos aparecen visibles. Anclar aplicaciones de uso frecuente mejora la productividad, mientras que ocultar elementos innecesarios reduce distracciones.

El menú Inicio ofrece acceso a aplicaciones, documentos recientes y funciones del sistema. Su búsqueda integrada permite localizar rápidamente programas o configuraciones. La personalización del menú permite decidir qué información se muestra, lo que resulta especialmente relevante en equipos compartidos, donde conviene cuidar la privacidad. Anclar aplicaciones facilita un acceso directo sin necesidad de recorrer listas completas.

El Explorador de archivos admite ajustes de visualización y organización. Elegir vistas como "Detalles" resulta útil en tareas administrativas, ya que facilita la clasificación y el control de versiones. Ordenar y agrupar archivos por distintos criterios ayuda a localizar la información con rapidez.

La configuración de pantalla es un aspecto clave para la comodidad. Ajustar la resolución y el escalado mejora la legibilidad de textos e iconos, especialmente en pantallas pequeñas o para usuarios con fatiga visual. Es importante encontrar un equilibrio para evitar problemas de visualización en determinadas aplicaciones.

Las opciones de accesibilidad permiten adaptar el sistema a distintas necesidades y no están pensadas únicamente para personas con discapacidad. Herramientas como la lupa, el contraste alto o los ajustes de cursor pueden resultar útiles en sesiones prolongadas de trabajo o formación.

La configuración de sonido y notificaciones contribuye a un entorno de trabajo más eficiente. Ajustar dispositivos de entrada y salida mejora la experiencia en reuniones y clases, mientras que gestionar notificaciones ayuda a reducir interrupciones. Activar modos de concentración durante tareas importantes es una práctica recomendable.

En equipos portátiles, la configuración de energía y suspensión influye directamente en la duración de la batería y en la continuidad del trabajo. En equipos de sobremesa, una suspensión mal configurada puede interferir en procesos en ejecución, por lo que conviene adaptar estas opciones al contexto.

Finalmente, Windows 11 permite aplicar temas y elegir entre modo claro u oscuro. En usos profesionales, el modo oscuro puede reducir la fatiga visual, aunque su conveniencia depende del entorno y de las preferencias personales.

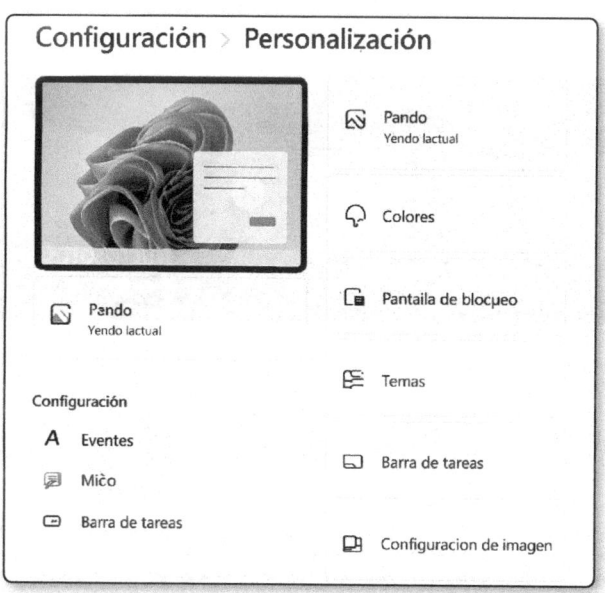

Como recomendaciones generales, se recomienda mantener el escritorio limpio, no saturar la barra de tareas, anclar solo aplicaciones en realidad necesarias, ajustar correctamente pantalla y brillo y revisar las notificaciones activas. Una personalización adecuada no es un elemento decorativo, sino una herramienta que mejora la organización, la eficiencia y el rendimiento en el uso cotidiano del sistema operativo.

2.4 INSTALACIÓN, CONFIGURACIÓN Y GESTIÓN BÁSICA DE APLICACIONES

La instalación de aplicaciones es una tarea habitual en el uso cotidiano de un sistema operativo. Las aplicaciones permiten realizar funciones concretas como redactar documentos, navegar por Internet, gestionar datos o comunicarse. Una correcta instalación y gestión del software es clave para garantizar la estabilidad, la seguridad y la adecuación del sistema a las necesidades del usuario. Windows 11 ofrece distintos métodos para instalar aplicaciones, cada uno con características que conviene conocer para elegir la opción más adecuada en cada contexto.

Windows 11 permite instalar aplicaciones desde la **Microsoft Store**, desde **instaladores descargados de páginas oficiales** y mediante **aplicaciones portables**. Conocer las ventajas y limitaciones de cada método ayuda a evitar problemas de seguridad, conflictos de software o pérdida de rendimiento.

La Microsoft Store es la tienda oficial de Windows y ofrece aplicaciones verificadas por Microsoft. Su principal ventaja es la seguridad, ya que las aplicaciones se distribuyen en un entorno controlado y se actualizan de forma automática. La instalación es sencilla y guiada, por lo que resulta especialmente recomendable para usuarios con poca experiencia o en entornos formativos.

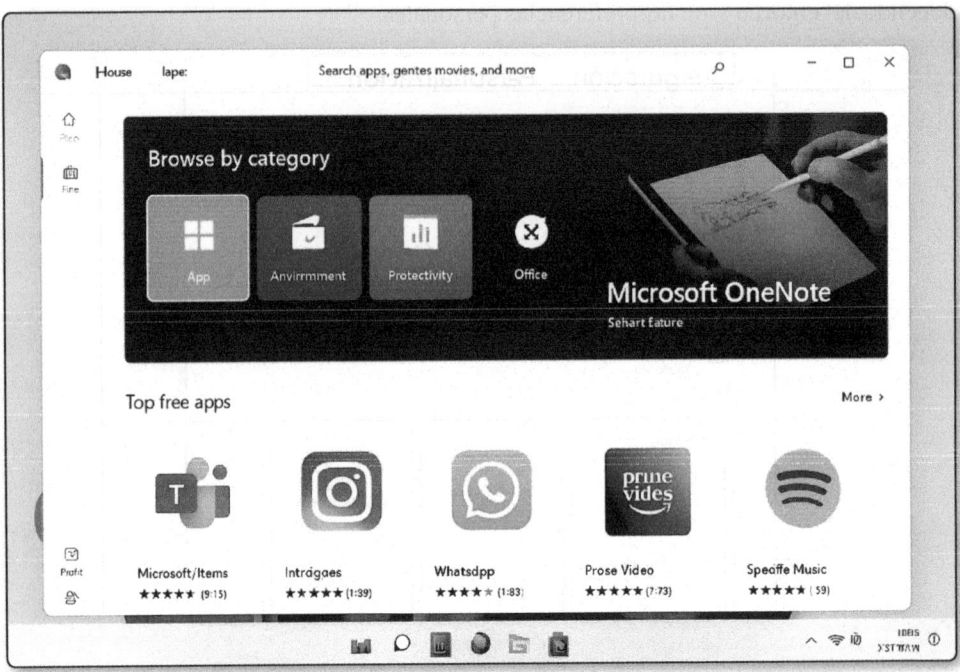

Muchas aplicaciones profesionales se instalan mediante archivos ejecutables descargados desde la web del fabricante, normalmente con extensiones **.exe** o **.msi**. En estos casos es imprescindible descargar el software únicamente desde fuentes oficiales. Ejecutar instaladores de procedencia desconocida puede suponer riesgos graves de seguridad. Durante la instalación, el asistente guía al usuario por distintas pantallas, donde es importante revisar las opciones para evitar la instalación de software adicional no deseado.

Los instaladores **.msi** utilizan el servicio Windows Installer y suelen estar mejor integrados con el sistema. Son habituales en entornos corporativos y educativos, ya que permiten instalaciones controladas o automatizadas en varios equipos.

Tras la instalación, muchas aplicaciones requieren una **configuración inicial**, como la selección de idioma, la definición de carpetas de trabajo o la activación de determinadas funciones. Estas decisiones influyen directamente en la experiencia de uso y en la correcta organización de la información.

Mantener las aplicaciones actualizadas es fundamental para la seguridad y la estabilidad del sistema. Las actualizaciones corrigen errores y vulnerabilidades. Las aplicaciones de la Microsoft Store se actualizan automáticamente, mientras que otras incluyen sistemas propios de actualización o requieren descargas manuales desde la web oficial del desarrollador.

La desinstalación de aplicaciones es una tarea igualmente importante. Eliminar programas que ya no se utilizan libera espacio en disco y reduce el consumo de recursos. En Windows 11, la desinstalación se realiza principalmente desde la configuración de aplicaciones, aunque algunas aplicaciones antiguas siguen gestionándose desde el panel de control clásico. En ocasiones pueden quedar restos tras la desinstalación, cuya eliminación debe hacerse con precaución.

Cámara Microsoft Corporation | 23/12/2025		24,1 KB ···
Centro de comando de gráficos Intel® INTEL CORP | 29/07/2025	Opciones avanzadas	
	Mover	
	Desinstalar	

Windows 11 permite además configurar las **aplicaciones predeterminadas**, es decir, decidir qué programa se utilizará para abrir determinados tipos de archivos o realizar acciones concretas. Esta opción resulta especialmente útil cuando existen varias aplicaciones con funciones similares.

Otro aspecto relevante es la gestión de las aplicaciones que se ejecutan en segundo plano. Algunas aplicaciones consumen recursos aunque no estén abiertas. Controlar esta opción mejora el rendimiento del sistema y, en equipos portátiles, la duración de la batería.

Las aplicaciones portables se ejecutan sin instalación y no modifican el sistema. Son útiles en entornos formativos o en equipos compartidos, aunque presentan limitaciones como la falta de actualizaciones automáticas y una integración reducida con el sistema.

Como recomendaciones finales, se recomienda descargar aplicaciones solo desde fuentes oficiales, revisar cuidadosamente cada proceso de instalación, mantener el software actualizado, desinstalar programas innecesarios y realizar copias de seguridad antes de instalar aplicaciones críticas. Aplicar estas pautas contribuye a mantener un sistema seguro, estable y preparado para un uso profesional continuado.

2.5 GESTIÓN BÁSICA DE REDES LOCALES

El uso de redes locales es habitual tanto en entornos domésticos como profesionales y formativos. Una red local o LAN permite interconectar varios dispositivos dentro de un espacio reducido para compartir información, recursos y servicios, como archivos, impresoras o el acceso a internet. Windows 11 incorpora herramientas integradas que facilitan la conexión y la gestión básica de redes sin necesidad de conocimientos avanzados. El objetivo de este capítulo es que el usuario sea capaz de conectarse a una red local, utilizar recursos compartidos y aplicar criterios básicos de configuración y seguridad.

Una red local se basa en conceptos fundamentales que permiten la comunicación entre dispositivos. Cada equipo dispone de una **dirección IP**, que lo identifica dentro de la red. Normalmente se utilizan direcciones IP privadas asignadas automáticamente por el router mediante DHCP. La **máscara de subred** determina qué parte de la dirección identifica a la red y cuál al dispositivo, mientras que la **puerta de enlace**, habitualmente el router, conecta la red local con otras redes, como internet. El **servidor DNS** traduce los nombres de dominio en direcciones IP, facilitando el acceso a servicios web. Comprender estos conceptos básicos ayuda a identificar problemas de conectividad.

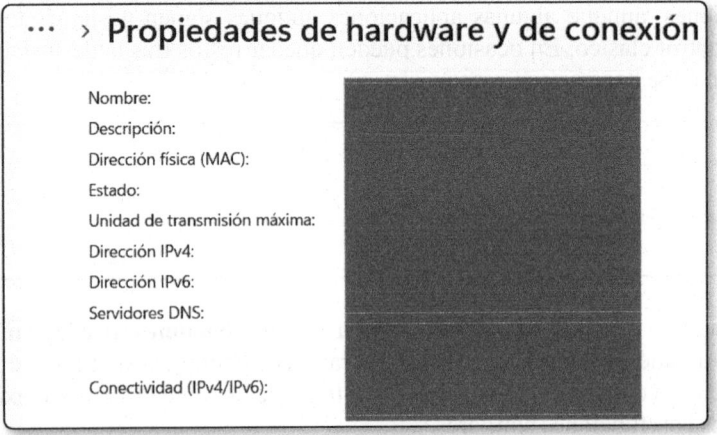

En Windows 11, la conexión a una red puede realizarse mediante **Wi-Fi** o **cable Ethernet**. La conexión Wi-Fi se gestiona desde la barra de tareas, seleccionando la red e introduciendo la contraseña. El sistema guarda las redes conocidas para futuras conexiones automáticas. La conexión por cable Ethernet suele establecerse de forma automática al conectar el cable y ofrece mayor estabilidad y velocidad, por lo que se recomienda en entornos profesionales y formativos siempre que sea posible.

Una vez conectado, Windows permite consultar y modificar la configuración básica de red desde el menú de configuración. Allí se puede ver la dirección IP, los servidores DNS y el tipo de red asignado. El sistema distingue entre **redes públicas** y **redes privadas**. Las redes públicas aplican restricciones más estrictas y están pensadas para entornos no confiables, mientras que las redes privadas permiten compartir recursos y deben utilizarse solo en entornos de confianza. Configurar correctamente el tipo de red es una medida básica de seguridad.

Uno de los principales beneficios de una red local es el uso de **recursos compartidos**. Las carpetas compartidas permiten que otros usuarios accedan a determinados archivos, pudiendo definirse permisos de lectura o escritura. Las impresoras compartidas posibilitan que varios equipos utilicen un mismo dispositivo de impresión, y las unidades de red permiten acceder a carpetas remotas como si fueran discos locales, facilitando el trabajo colaborativo.

El acceso a recursos de red puede realizarse desde el Explorador de archivos o mediante **rutas UNC**, que identifican directamente un recurso dentro de la red. Este método permite acceder a carpetas o impresoras sin necesidad de asignar una unidad permanente.

En caso de problemas de conexión, Windows 11 incluye herramientas básicas de diagnóstico. Utilidades como **ping** permiten comprobar la comunicación con otros dispositivos, mientras que **ipconfig** muestra la configuración de red del equipo. Estas herramientas ayudan a determinar si el problema está en el equipo local, en la red o en la conexión con otros dispositivos. En situaciones persistentes, es posible restablecer la configuración de red, aunque esta opción debe usarse con precaución.

```
Configuración IP de Windows

Adaptador de LAN inalámbrica Conexión de área local* 1:

   Estado de los medios. . . . . . . . . . . : medios desconectados
   Sufijo DNS específico para la conexión. . :

Adaptador de LAN inalámbrica Conexión de área local* 2:

   Estado de los medios. . . . . . . . . . . : medios desconectados
   Sufijo DNS específico para la conexión. . :

Adaptador de LAN inalámbrica Wi-Fi:

   Sufijo DNS específico para la conexión. . :
   Vínculo: dirección IPv6 local. . . : fe80::
   Dirección IPv4. . . . . . . . . . . . . :
   Máscara de subred . . . . . . . . . . . :
   Puerta de enlace predeterminada . . . . . :

Adaptador de Ethernet Conexión de red Bluetooth:

   Estado de los medios. . . . . . . . . . . : medios desconectados
   Sufijo DNS específico para la conexión. . :
```

La seguridad en redes locales es un aspecto esencial. Utilizar contraseñas seguras en redes Wi-Fi, mantener activo el firewall y compartir únicamente los recursos necesarios reduce el riesgo de accesos no autorizados. En entornos profesionales estas medidas suelen gestionarse de forma centralizada, pero a nivel de usuario es importante adoptar hábitos responsables.

2.6 SEGURIDAD BÁSICA DEL SISTEMA OPERATIVO

La seguridad del sistema operativo es un elemento fundamental en el uso responsable de los sistemas informáticos. Proteger la información, evitar accesos no autorizados, prevenir infecciones por malware y garantizar la estabilidad del equipo son objetivos esenciales tanto en entornos domésticos como profesionales y formativos. Windows 11 incorpora múltiples mecanismos de seguridad integrados que permiten proteger el sistema de forma preventiva, siempre que se utilicen correctamente.

Este capítulo aborda los aspectos básicos de la seguridad en Windows 11 que todo usuario debe conocer: las herramientas de protección integradas, las actualizaciones de seguridad, la gestión de cuentas y permisos, la navegación segura y la importancia de las copias de seguridad. El objetivo es fomentar hábitos seguros y un uso consciente del sistema.

Windows 11 ha sido diseñado con un enfoque de seguridad reforzado desde su arquitectura. Funciones como el arranque seguro, la integración de hardware de seguridad y la protección nativa frente a malware reducen los riesgos habituales asociados a equipos conectados a internet. No obstante, la seguridad no depende únicamente de la tecnología, sino también del comportamiento del usuario. Una configuración adecuada y el respeto de recomendaciones son tan importantes como las herramientas disponibles.

2.6.1 Windows Security

Windows Security es el centro desde el cual se gestionan las principales funciones de protección del sistema. Esta herramienta permite consultar el estado de seguridad del equipo, recibir alertas y acceder a los distintos módulos de protección de forma centralizada.

Entre sus funciones destaca la protección antivirus y antimalware mediante Microsoft Defender Antivirus, integrado de forma nativa en Windows 11. Esta solución ofrece protección en tiempo real frente a virus, spyware, ransomware y otras amenazas, actualizando automáticamente sus definiciones. Mantener esta protección activa es una de las medidas más eficaces para reducir el riesgo de infección.

Windows 11 incluye también mecanismos específicos frente al ransomware, como el acceso controlado a carpetas, que impide que aplicaciones no autorizadas modifiquen archivos importantes. Esta función resulta especialmente útil para proteger documentos personales y profesionales frente a ataques que cifran la información.

El firewall de Windows actúa como una barrera entre el equipo y la red, controlando las conexiones entrantes y salientes. Su función es bloquear accesos no autorizados y permitir solo las comunicaciones necesarias para el funcionamiento de las aplicaciones. Mantener el firewall activado es una medida básica de seguridad que no debe deshabilitarse sin una alternativa equivalente.

2.6.2 Actualizaciones de seguridad

Las actualizaciones del sistema operativo son una parte esencial de la seguridad. A través de Windows Update se corrigen vulnerabilidades, se solucionan errores y se mejora la estabilidad del sistema. Permitir la instalación automática de actualizaciones garantiza que el equipo esté protegido frente a amenazas recientes. Posponerlas de forma indefinida puede dejar el sistema expuesto a riesgos conocidos.

2.6.3 Control de cuentas de usuario y gestión de accesos

El control de cuentas de usuario (UAC) solicita confirmación cuando una aplicación intenta realizar cambios importantes en el sistema. Su objetivo es evitar modificaciones no autorizadas, incluso cuando se utiliza una cuenta con privilegios de administrador. Mantener un nivel adecuado de notificación añade una capa adicional de protección.

La gestión de cuentas de usuario es clave para la seguridad. Windows 11 permite trabajar con cuentas estándar para el uso diario y cuentas de administrador para tareas de mantenimiento. El uso de contraseñas seguras, combinando letras, números y símbolos, es imprescindible. Métodos como Windows Hello, mediante PIN o biometría, mejoran la seguridad y la comodidad en el inicio de sesión.

Los permisos sobre archivos y carpetas permiten controlar qué usuarios pueden acceder, modificar o eliminar determinados contenidos. Una asignación adecuada de permisos protege la información sensible, especialmente en equipos compartidos o redes locales.

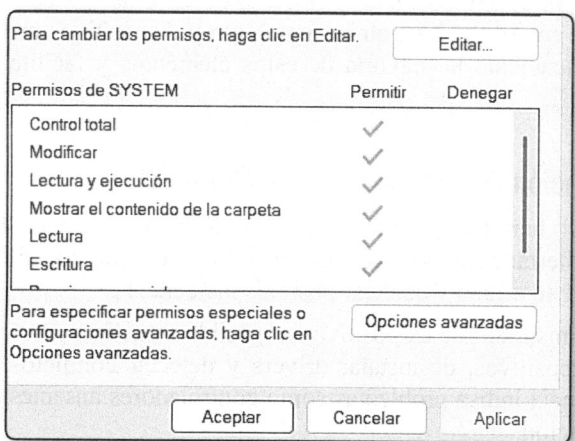

2.7 NAVEGACIÓN SEGURA Y COPIAS DE SEGURIDAD

La navegación por internet es una de las principales vías de entrada de amenazas. Para reducir riesgos, se recomienda descargar software solo desde fuentes confiables, comprobar que las páginas utilizan conexiones seguras, evitar formularios sospechosos y mantener el navegador actualizado.

Las copias de seguridad constituyen la última línea de defensa frente a pérdidas de información. Windows 11 ofrece opciones como el historial de archivos, la sincronización con la nube o las copias en dispositivos externos. Realizar copias periódicas y verificar su funcionamiento reduce significativamente el impacto de incidentes de seguridad.

2.8 GESTIÓN DE DISPOSITIVOS Y PERIFÉRICOS

La correcta gestión de dispositivos y periféricos es fundamental para garantizar el funcionamiento estable y eficiente de un sistema informático. Los dispositivos permiten ampliar las capacidades del equipo, facilitar la interacción con el usuario y conectar el ordenador con otros sistemas. Entre ellos se incluyen periféricos de entrada, salida, almacenamiento y dispositivos mixtos, como pantallas táctiles o auriculares con micrófono.

Windows 11 integra herramientas que permiten detectar, instalar, configurar y solucionar incidencias relacionadas con el hardware de forma sencilla. El objetivo de este capítulo es que el alumno conozca los principales tipos de dispositivos, sepa gestionar sus controladores y resolver problemas básicos asociados a su uso.

2.8.1 Dispositivos y periféricos: concepto y clasificación

Los dispositivos y periféricos son componentes internos o externos que se conectan al ordenador para permitir la entrada, salida, almacenamiento de información o la comunicación con otros equipos. Desde el punto de vista funcional, pueden clasificarse en dispositivos de entrada, salida, almacenamiento y dispositivos mixtos. Windows 11 reconoce automáticamente la mayoría de estos elementos y facilita su configuración inicial.

2.8.2 Administración de dispositivos en Windows 11

La gestión del hardware se realiza principalmente desde el Administrador de dispositivos. Esta herramienta permite visualizar todos los componentes instalados en el equipo, comprobar su estado y detectar posibles incidencias.

Desde el Administrador de dispositivos es posible actualizar controladores, habilitar o deshabilitar dispositivos, desinstalar drivers y detectar conflictos. La presencia de iconos de advertencia indica problemas como controladores ausentes o incorrectos que requieren intervención.

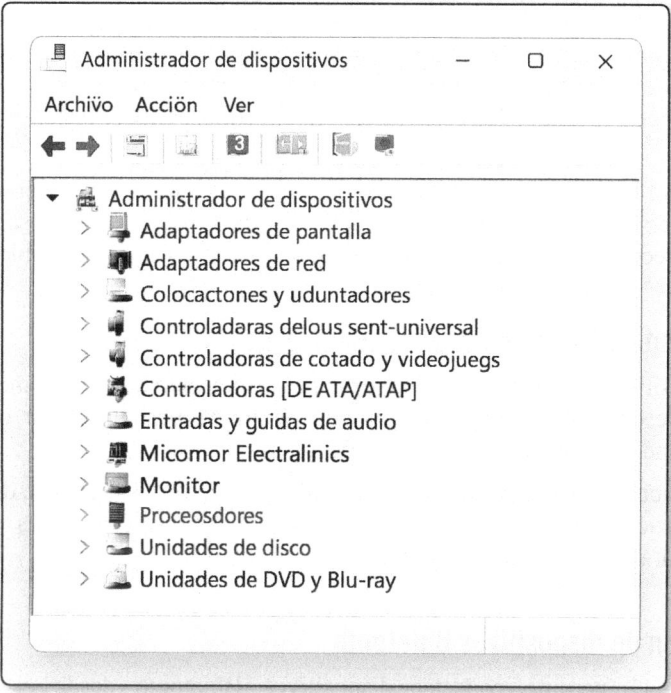

2.8.3 Controladores: instalación y actualización

Los controladores o drivers permiten la comunicación entre el sistema operativo y el hardware. En la mayoría de los casos, Windows 11 instala automáticamente los controladores necesarios al conectar un dispositivo, especialmente en periféricos comunes.

En dispositivos específicos puede ser necesaria la instalación manual, descargando el controlador desde la página oficial del fabricante. Es importante utilizar siempre controladores compatibles con el modelo del dispositivo y la versión del sistema operativo, evitando fuentes no oficiales. Mantener los controladores actualizados mejora la estabilidad, la compatibilidad y el rendimiento del sistema.

2.8.4 Gestión de impresoras y escáneres

Windows 11 facilita la instalación y configuración de impresoras y escáneres desde el apartado de dispositivos. El sistema detecta automáticamente los dispositivos disponibles y guía al usuario en el proceso de instalación.

Una vez instalada la impresora, se puede configurar como predeterminada, gestionar la cola de impresión, ajustar preferencias o compartirla en red. Ante incidencias habituales, conviene revisar la conexión, el estado del dispositivo y el controlador instalado.

2.8.5 Gestión de dispositivos de audio y pantallas

Desde la configuración de sonido es posible seleccionar los dispositivos de entrada y salida de audio, ajustar el volumen y realizar comprobaciones básicas. En caso de problemas, deben revisarse las conexiones, el dispositivo seleccionado y el estado del controlador.

En cuanto a las pantallas, Windows 11 permite gestionar configuraciones con uno o varios monitores, elegir el modo de visualización, ajustar la resolución y el escalado. Utilizar la resolución recomendada garantiza una correcta visualización y evita problemas gráficos.

2.8.6 Dispositivos de almacenamiento externos

Los dispositivos de almacenamiento externos se detectan automáticamente y pueden gestionarse desde el Explorador de archivos. Windows permite copiar datos, asignar letras de unidad, formatear o comprobar errores.

Para operaciones más avanzadas, la herramienta de administración de discos permite gestionar particiones y unidades, debiendo realizarse estas acciones con especial precaución para evitar pérdidas de datos.

2.8.7 Gestión de dispositivos Bluetooth

Windows 11 permite conectar dispositivos Bluetooth desde el apartado de configuración correspondiente. El emparejamiento se realiza de forma guiada y resulta sencillo en la mayoría de los casos.

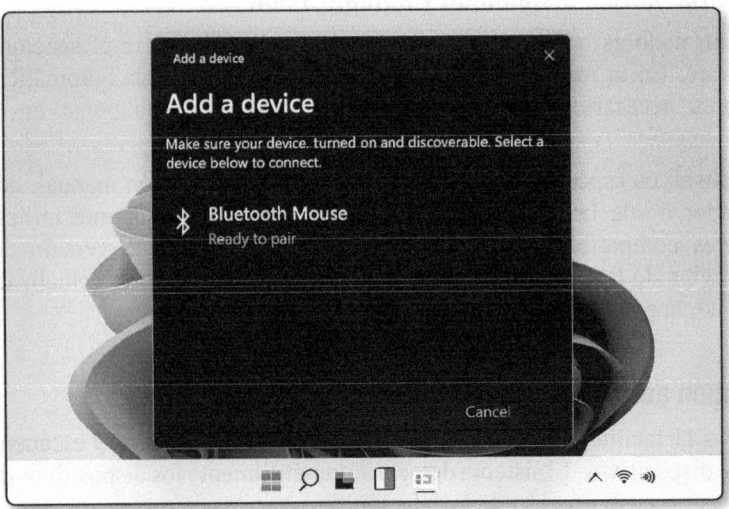

Los problemas más habituales están relacionados con la visibilidad del dispositivo, la batería, interferencias o controladores desactualizados, aspectos que conviene revisar ante cualquier incidencia.

2.9 GESTIÓN DEL ALMACENAMIENTO Y MANTENIMIENTO DEL SISTEMA

La gestión del almacenamiento y el mantenimiento del sistema son tareas esenciales para garantizar el rendimiento, la estabilidad y la durabilidad del equipo. Un uso inadecuado del espacio en disco o la ausencia de mantenimiento periódico puede provocar lentitud y errores en el sistema. Windows 11 incorpora herramientas integradas que facilitan estas tareas de forma accesible para el usuario.

El almacenamiento es el espacio donde se guardan el sistema operativo, las aplicaciones y los datos del usuario. Gestionarlo correctamente permite evitar problemas derivados de la falta de espacio y optimizar los recursos disponibles. El mantenimiento del sistema engloba acciones preventivas orientadas a conservar el rendimiento y reducir incidencias.

En un equipo pueden encontrarse distintos **tipos de unidades de almacenamiento**. Los discos HDD ofrecen gran capacidad a menor coste, pero menor velocidad. Las unidades SSD proporcionan un acceso mucho más rápido y mejoran el rendimiento general del sistema. A estos se suman unidades externas como memorias USB o discos portátiles, utilizadas habitualmente para copias de seguridad o transporte de datos.

Windows 11 permite supervisar el uso del almacenamiento desde **configuración → sistema → almacenamiento**, mostrando el espacio total, el espacio libre y el uso por categorías. Esta información facilita detectar aplicaciones o archivos que consumen demasiado espacio y tomar decisiones para liberar almacenamiento.

La **limpieza de archivos innecesarios** es una tarea clave. El sistema incluye el **sensor de almacenamiento**, que permite eliminar automáticamente archivos temporales, vaciar la papelera o gestionar descargas antiguas. Activar esta función ayuda a mantener el sistema limpio sin intervención constante.

La **administración de discos** permite identificar unidades conectadas, asignar letras o comprobar el estado de los discos. Estas operaciones deben realizarse con precaución, ya que una gestión incorrecta puede provocar pérdida de datos.

La **optimización de unidades** contribuye al rendimiento del sistema. Windows 11 desfragmenta automáticamente los discos HDD y aplica optimizaciones específicas a las unidades SSD, manteniendo su eficiencia sin dañarlas. Estas tareas pueden programarse para ejecutarse de forma periódica.

Las **copias de seguridad** constituyen una medida esencial de protección de la información. Windows 11 ofrece opciones como el historial de archivos, copias manuales en dispositivos externos o la sincronización con servicios en la nube. Establecer copias periódicas reduce el impacto de fallos, errores humanos o incidentes de seguridad.

Por último, la **restauración y recuperación del sistema** permite volver a estados anteriores del equipo sin afectar a los archivos personales, siendo especialmente útil tras instalaciones problemáticas. En casos graves, es posible restablecer el sistema a su estado inicial.

Mantener el equipo en buen estado requiere revisar periódicamente el espacio disponible, eliminar archivos innecesarios, optimizar las unidades y realizar copias de seguridad de forma regular. Estas prácticas aseguran un funcionamiento estable y prolongan la vida útil del sistema.

3

INTRODUCCIÓN A LA BÚSQUEDA DE INFORMACIÓN EN INTERNET

La búsqueda de información en internet es una competencia básica en los ámbitos personal, formativo y profesional. Gran parte de las tareas cotidianas –trabajo, estudio, comunicación o toma de decisiones– dependen del acceso rápido y eficaz a información digital. Saber localizar, evaluar y utilizar correctamente los contenidos disponibles en la red mejora la productividad y reduce riesgos asociados a la desinformación, la inseguridad y el uso inadecuado de los recursos tecnológicos.

Este capítulo presenta los conceptos esenciales sobre internet, su funcionamiento general y su aplicación en el entorno empresarial. Asimismo, se introducen los principales términos técnicos, los mecanismos de acceso, el papel de los proveedores de servicios y las nociones básicas de seguridad y ética que deben guiar un uso responsable de la red.

3.1 QUÉ ES INTERNET Y CÓMO FUNCIONA

Internet es una red mundial formada por múltiples redes interconectadas que permiten la comunicación y el intercambio de información entre millones de dispositivos. Estos se comunican mediante protocolos comunes, lo que garantiza la transmisión de datos con independencia del equipo, sistema operativo o ubicación geográfica.

Desde el punto de vista técnico, internet es una infraestructura distribuida y no centralizada, lo que le aporta robustez y continuidad del servicio. En la práctica, permite acceder a servicios como páginas web, correo electrónico, almacenamiento en la nube, videoconferencias, plataformas de aprendizaje, comercio electrónico y aplicaciones de gestión empresarial.

3.1.1 Aplicaciones de internet en la empresa

En el ámbito empresarial, internet es una herramienta estratégica que facilita la comunicación interna y externa, el trabajo colaborativo y el acceso a información relevante. El correo electrónico, la mensajería instantánea y las videoconferencias permiten coordinar equipos y relacionarse con clientes y proveedores, incluso a distancia.

Internet también es una fuente clave de información para la toma de decisiones, ya que permite consultar normativa, manuales técnicos, bases de datos y estudios sectoriales. Además, a través de sitios web, redes sociales y plataformas de comercio electrónico, las empresas pueden promocionar productos, ofrecer soporte y fidelizar clientes.

3.1.2 Breve referencia histórica

Internet tiene su origen en proyectos de investigación de finales de los años sesenta, como ARPANET, que sentaron las bases de la transmisión de datos mediante conmutación de paquetes. Posteriormente, el desarrollo de protocolos como TCP/IP permitió la interconexión de redes. En los años noventa, la aparición de la World Wide Web facilitó el acceso a la información mediante navegadores gráficos, impulsando la expansión masiva de internet hasta convertirse en una infraestructura esencial de la sociedad actual.

3.1.3 Terminología básica de internet

Para realizar búsquedas eficaces es necesario conocer algunos términos fundamentales. El navegador es el programa que permite acceder a la web. El servidor almacena y ofrece la información, mientras que el cliente la solicita. Una página web es un documento individual y un sitio web es un conjunto de páginas relacionadas bajo un mismo dominio. La URL identifica la dirección de un recurso y los motores de búsqueda permiten localizar información mediante palabras clave.

3.1.4 Protocolos, direcciones y acceso a internet

Internet funciona gracias a protocolos de comunicación, especialmente TCP/IP, que permiten enviar datos de forma fiable y direccionarlos correctamente. Cada dispositivo dispone de una dirección IP y el sistema DNS traduce los nombres de dominio en direcciones numéricas comprensibles para los equipos.

El acceso a internet se realiza a través de proveedores de servicios (ISP), que ofrecen distintos tipos de conexión, como fibra óptica, cable o redes móviles. Además del acceso, los ISP suelen proporcionar servicios complementarios como DNS o medidas básicas de seguridad.

3.1.5 Software y búsqueda de información

El software principal para usar internet es el navegador web, que permite acceder a contenidos y servicios en línea. También son habituales aplicaciones como clientes de correo, herramientas de videoconferencia y plataformas de almacenamiento en la nube.

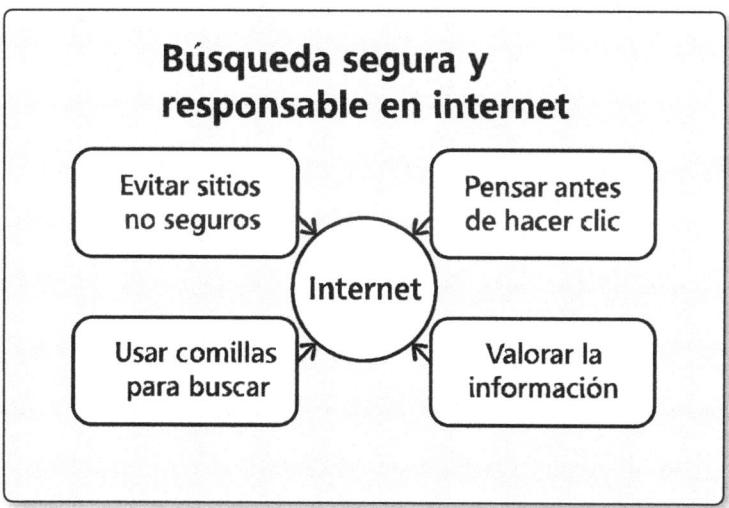

La búsqueda de información consiste en localizar contenidos relevantes mediante motores de búsqueda. Para que sea eficaz, es necesario definir bien los términos utilizados, evaluar la fiabilidad de las fuentes y contrastar la información. En el ámbito profesional se recomienda priorizar fuentes oficiales, técnicas o especializadas.

3.2 SEGURIDAD, ÉTICA Y USO RESPONSABLE

El uso de internet implica riesgos como malware, phishing o robo de información. Para reducirlos es fundamental mantener el sistema actualizado, utilizar antivirus y firewall, emplear contraseñas seguras y comprobar que los sitios web usan conexiones seguras (HTTPS).

Desde el punto de vista ético, el usuario debe respetar la propiedad intelectual, proteger los datos personales, citar las fuentes y evitar la difusión de información falsa. Un uso responsable de los contenidos digitales es clave tanto en el ámbito personal como en el profesional.

4

NAVEGACIÓN POR LA WORLD WIDE WEB

La World Wide Web, conocida comúnmente como web, es uno de los servicios más utilizados de internet y constituye el principal medio de acceso a la información digital. La navegación web consiste en el proceso mediante el cual el usuario se desplaza entre páginas y recursos disponibles en la red utilizando un navegador. Esta actividad es fundamental en contextos personales, formativos y profesionales, ya que permite consultar información, comunicarse, trabajar con aplicaciones en línea y acceder a servicios corporativos.

Comprender los principios básicos de la navegación web resulta esencial para utilizar internet de forma eficiente, segura y productiva. En este capítulo se abordan los conceptos fundamentales, las herramientas de navegación, la búsqueda de información y los principales aspectos relacionados con la seguridad y el almacenamiento temporal de datos.

4.1 CONCEPTOS BÁSICOS DE LA WEB

La web está formada por documentos interconectados mediante enlaces, denominados páginas web, que se agrupan en sitios web alojados en servidores. El navegador web es la aplicación que permite acceder a estos contenidos y mostrarlos de forma visual. Entre los navegadores más utilizados se encuentran Google Chrome, Microsoft Edge, Mozilla Firefox y Safari.

Cada página web se identifica mediante una dirección única denominada URL, que indica el protocolo de acceso, el dominio y la ruta del recurso. Otros conceptos habituales son el enlace o hipervínculo, que permite pasar de una página a otra, la pestaña, que facilita la navegación simultánea por varios contenidos, y la sesión, que representa el periodo de interacción del usuario con un sitio web.

4.1.1 Proceso de navegación por la web

La navegación web comienza cuando el usuario introduce una dirección en la barra del navegador o selecciona un enlace. El navegador solicita entonces la información al servidor correspondiente, que responde enviando los datos necesarios para mostrar la página. Este proceso se realiza de forma casi inmediata gracias a los protocolos de comunicación y a la infraestructura de internet.

Durante la navegación, el usuario puede desplazarse entre páginas utilizando enlaces, menús y controles del navegador, como avanzar, retroceder, recargar o abrir nuevas pestañas. En entornos profesionales, una navegación eficiente permite reducir tiempos de búsqueda y mejorar la productividad en tareas administrativas, técnicas o comerciales.

4.2 HISTORIAL Y GESTIÓN DE LA NAVEGACIÓN

El navegador almacena automáticamente un historial con las páginas visitadas, lo que permite recuperar sitios consultados con anterioridad. Este historial puede consultarse, buscarse o eliminarse total o parcialmente. Desde el punto de vista de la privacidad, en equipos compartidos se recomienda borrar el historial o utilizar modos de navegación privada.

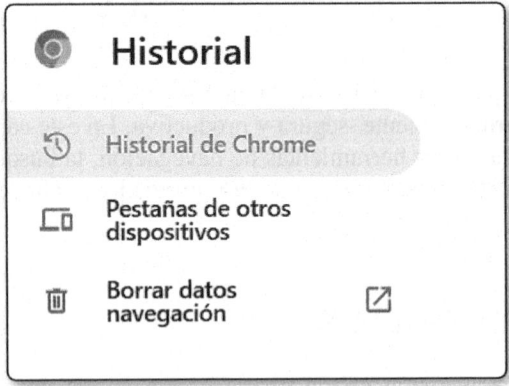

En el ámbito empresarial, la gestión del historial puede estar vinculada a políticas de seguridad y protección de datos, especialmente cuando se maneja información sensible.

4.2.1 Gestión de contenidos: imágenes y guardado de información

Las imágenes son un elemento habitual en la web y cumplen funciones informativas y comunicativas. El usuario puede visualizarlas, ampliarlas o guardarlas desde el navegador, respetando siempre los derechos de autor y las licencias de uso asociadas.

Durante la navegación, también es frecuente guardar información para su uso posterior, como páginas web, fragmentos de texto, imágenes o documentos descargables. Esta información debe organizarse correctamente mediante carpetas y nombres descriptivos. En entornos profesionales, es habitual combinar el almacenamiento local con servicios en la nube para facilitar el acceso y el trabajo colaborativo.

4.3 BÚSQUEDA DE INFORMACIÓN EN LA WEB

La búsqueda de información es una de las funciones principales de la navegación web. Los motores de búsqueda permiten localizar contenidos mediante palabras clave y aplicar filtros por fecha, idioma o tipo de contenido. Muchos navegadores integran la búsqueda directamente en la barra de direcciones, lo que agiliza el proceso.

Una búsqueda eficaz requiere formular adecuadamente los términos, evaluar la fiabilidad de las fuentes y contrastar la información obtenida. En el ámbito profesional es fundamental priorizar fuentes oficiales, técnicas o especializadas frente a contenidos no verificados.

4.4 ENLACES, FAVORITOS E IMPRESIÓN DE CONTENIDOS

Los enlaces permiten conectar contenidos relacionados y facilitan la exploración de información complementaria. Es importante verificar el destino de los enlaces antes de acceder a ellos, especialmente cuando proceden de fuentes desconocidas.

Los favoritos o marcadores permiten guardar direcciones web para acceder a ellas rápidamente en el futuro. Su correcta organización en carpetas contribuye a una navegación más eficiente y reduce búsquedas repetitivas.

Aunque el consumo de información es mayoritariamente digital, en algunos casos es necesario imprimir contenidos web. Antes de imprimir, conviene utilizar la vista previa para evitar impresiones innecesarias y garantizar un uso responsable de los recursos.

4.5 CACHÉ, COOKIES Y SEGURIDAD EN LA NAVEGACIÓN

La caché es un sistema de almacenamiento temporal que permite cargar más rápidamente las páginas visitadas con frecuencia. No obstante, una caché desactualizada puede provocar errores, por lo que en determinadas situaciones es recomendable vaciarla.

Las cookies son archivos que los sitios web almacenan para mantener sesiones activas, recordar preferencias o recopilar datos estadísticos. El navegador permite gestionar su uso para proteger la privacidad del usuario.

La seguridad en la navegación web depende tanto de la configuración del navegador como del comportamiento del usuario. Mantener el navegador actualizado, utilizar conexiones seguras, limitar extensiones innecesarias y actuar con precaución al introducir datos personales son medidas básicas para una navegación segura.

4.6 FUNCIONAMIENTO DE LA INFORMACIÓN EN LA WEB

La información en la web se genera y distribuye de forma continua a través de servidores y motores de búsqueda. Los contenidos pueden proceder de fuentes muy diversas, lo que exige al usuario desarrollar un criterio crítico para evaluar su calidad y fiabilidad.

Comprender cómo se organiza y se presenta la información en internet es esencial para realizar búsquedas eficaces, interpretar resultados y utilizar los contenidos de forma responsable. En el ámbito profesional, esta competencia resulta clave para la toma de decisiones y el aprendizaje continuo.

4.7 CORREO WEB Y ACCESO DESDE DISTINTOS DISPOSITIVOS

El correo web permite acceder al correo electrónico desde cualquier dispositivo con conexión a internet, sin necesidad de instalar software específico. Esta modalidad resulta especialmente útil en entornos de movilidad y teletrabajo. Los servicios de correo web suelen incluir funciones avanzadas como filtros antispam, buscadores integrados y amplias capacidades de almacenamiento, aunque dependen de una conexión permanente a la red.

4.8 TRANSFERENCIA DE ARCHIVOS MEDIANTE FTP

La transferencia de archivos es una necesidad habitual en entornos profesionales, especialmente cuando se manejan archivos de gran tamaño o se trabaja con servidores remotos. El protocolo FTP permite enviar y recibir archivos entre un equipo local y un servidor remoto mediante una arquitectura cliente-servidor.

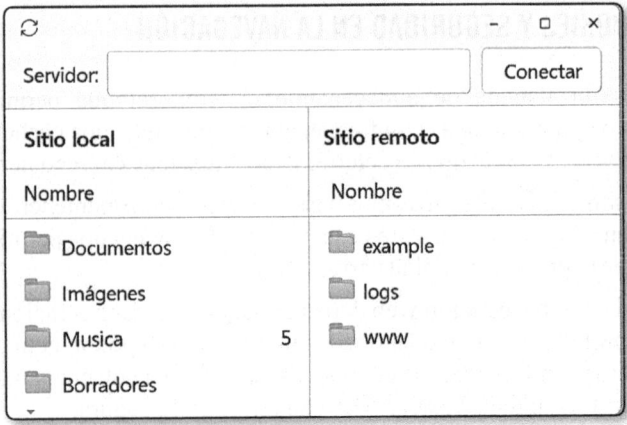

Para utilizar FTP es necesario un cliente específico y disponer de las credenciales de acceso al servidor. Una vez establecida la conexión, el usuario puede transferir archivos entre el sistema local y el remoto de forma estructurada. Aunque actualmente existen alternativas más seguras, FTP sigue utilizándose en ámbitos como la gestión de servidores web o sistemas heredados.

4.9 SEGURIDAD EN LA TRANSFERENCIA DE INFORMACIÓN

FTP transmite la información sin cifrado, lo que supone un riesgo de seguridad. Por ello, siempre que sea posible se recomienda utilizar variantes seguras como SFTP o FTPS. Además, es fundamental emplear contraseñas seguras, limitar el acceso a los servidores y verificar la procedencia de los archivos antes de abrirlos.

Estas medidas ayudan a prevenir accesos no autorizados, infecciones por malware y pérdidas de información.

4.10 USO INTEGRADO DEL CORREO ELECTRÓNICO Y LA TRANSFERENCIA DE ARCHIVOS

El correo electrónico y los sistemas de transferencia de archivos se utilizan de forma complementaria en la actividad diaria. El correo sirve para la comunicación y notificación, mientras que los archivos de gran tamaño suelen compartirse mediante servicios específicos o enlaces a plataformas en la nube.

Comprender cuándo utilizar cada herramienta y hacerlo de forma segura es una competencia básica en el entorno digital actual. La integración con servicios en la nube ha facilitado el trabajo colaborativo, permitiendo compartir documentos sin necesidad de enviarlos como adjuntos y reduciendo problemas de versiones.

5

GESTIÓN DEL CORREO EN OUTLOOK

La gestión del correo electrónico constituye una de las actividades más frecuentes y críticas en el entorno profesional. Outlook, como parte del ecosistema Microsoft, ofrece un conjunto de herramientas avanzadas diseñadas para organizar, clasificar, visualizar y procesar mensajes de forma eficiente. El dominio de estas funciones permite reducir el tiempo dedicado a tareas repetitivas, mejorar la productividad y mantener una comunicación clara, ordenada y coherente con los estándares corporativos.

Este capítulo profundiza en las principales opciones de personalización de la interfaz del correo, el funcionamiento de la bandeja de entrada prioritaria, la navegación entre carpetas, la creación y gestión de mensajes, así como las herramientas de organización y las funciones avanzadas como las firmas personalizadas y los buzones compartidos. El objetivo es que el lector adquiera un conocimiento sólido y práctico que le permita gestionar su correo de forma profesional y eficiente.

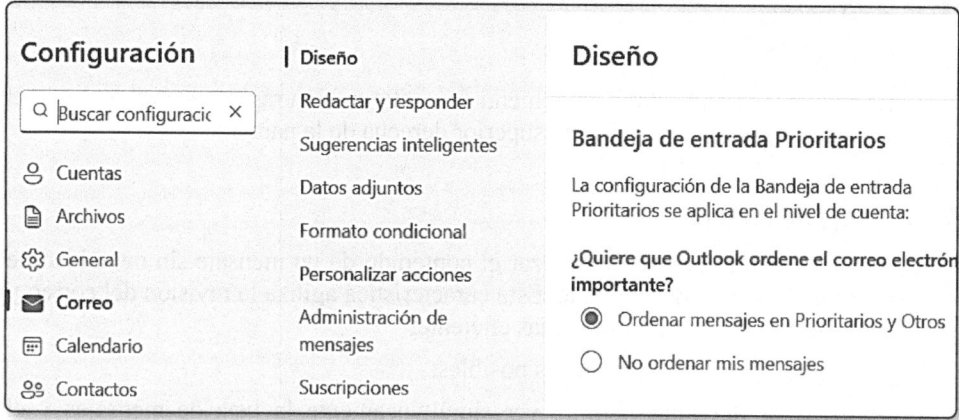

5.1 PERSONALIZAR LA INTERFAZ DEL CORREO

La interfaz de Outlook puede adaptarse a las preferencias del usuario para facilitar la lectura, la organización y la gestión del correo. Una correcta configuración inicial mejora la eficiencia y permite localizar la información de forma más rápida, especialmente cuando se trabaja con grandes volúmenes de mensajes.

5.1.1 Configuración de vistas

Outlook permite modificar la forma en que se muestran los mensajes en la bandeja de entrada. Las opciones de vista influyen directamente en la comodidad de lectura y en la rapidez con la que el usuario puede identificar mensajes importantes.

Las opciones más relevantes son:

▶ **Densidad de pantalla**: ajusta la cantidad de mensajes visibles en la lista.

- *Compacta*: muestra más mensajes por pantalla.
- *Intermedia*: equilibrio entre espacio y legibilidad.
- *Amplia*: ideal para pantallas grandes o usuarios que prefieren una visualización más espaciada.

▶ **Vista de conversación**: agrupa los correos relacionados en un único hilo. Esta opción es especialmente útil para:

- Seguir conversaciones largas.
- Evitar duplicidades.
- Mantener un contexto claro de los mensajes.

▶ **Ordenación de mensajes**: permite ordenar por:

- Fecha.
- Remitente.
- Asunto.
- Tamaño.
- Importancia.

Estas opciones se encuentran en el menú de configuración rápida, accesible desde el icono de engranaje situado en la parte superior derecha de la pantalla.

5.1.2 Panel de lectura

El panel de lectura permite visualizar el contenido de un mensaje sin necesidad de abrirlo en una ventana independiente. Esta característica agiliza la revisión del correo y permite procesar mensajes de forma más eficiente.

Outlook ofrece tres configuraciones posibles:

▶ **Panel a la derecha**: permite ver simultáneamente la lista de mensajes y el contenido. Es la opción más utilizada en pantallas amplias.

▶ **Panel inferior**: útil para pantallas pequeñas o para usuarios que prefieren una vista horizontal.

▶ **Panel desactivado**: obliga a abrir cada mensaje en una ventana nueva. Puede ser útil para usuarios que necesitan concentrarse en un mensaje a la vez.

La elección del panel de lectura depende del tipo de trabajo, del tamaño de la pantalla y de las preferencias personales.

5.1.3 Organización de paneles

Además del panel de lectura, Outlook permite reorganizar otros elementos de la interfaz:

- Mostrar u ocultar el panel de carpetas.
- Activar o desactivar la vista de grupos.
- Ajustar el tamaño de la lista de mensajes.
- Configurar la visualización de categorías y banderas.
- Mostrar u ocultar la barra de herramientas simplificada.

Estas opciones permiten adaptar la interfaz a distintos estilos de trabajo, desde usuarios que necesitan una vista limpia y minimalista hasta aquellos que requieren acceso rápido a múltiples herramientas.

5.2 BANDEJA DE ENTRADA PRIORITARIA

La bandeja de entrada prioritaria es una función que clasifica automáticamente los mensajes en dos pestañas: **prioritarios** y **Otros**. Su objetivo es ayudar al usuario a centrarse en los correos más relevantes, reduciendo la distracción causada por mensajes de baja prioridad.

5.2.1 Prioritarios vs. Otros

- **Prioritarios:** incluye los mensajes que Outlook considera importantes según el comportamiento del usuario. Outlook analiza:
  - Remitentes frecuentes.
  - Mensajes que el usuario suele abrir.
  - Conversaciones relevantes.
  - Interacciones previas.
- **Otros:** contiene correos menos relevantes, como:
  - Boletines informativos.
  - Notificaciones automáticas.
  - Comunicaciones de baja prioridad.

Esta clasificación se basa en patrones de uso y se ajusta automáticamente con el tiempo.

5.2.2 Mover correos entre pestañas

El usuario puede corregir la clasificación automática:

▶ Para mover un mensaje de **Prioritarios** a **Otros**, basta con seleccionarlo y elegir la opción *Mover a Otros*.

▶ Para mover un mensaje de **Otros** a **Prioritarios**, se utiliza la opción *Mover a Prioritarios*.

Outlook aprende de estas acciones y mejora la clasificación con el tiempo, adaptándose al estilo de trabajo del usuario.

5.2.3 Activar o desactivar la bandeja prioritaria

La bandeja prioritaria puede activarse o desactivarse desde:

Configuración → **Bandeja de entrada prioritaria**

Desactivarla unifica todos los mensajes en una única vista, lo que puede ser útil para usuarios que prefieren gestionar manualmente la clasificación del correo.

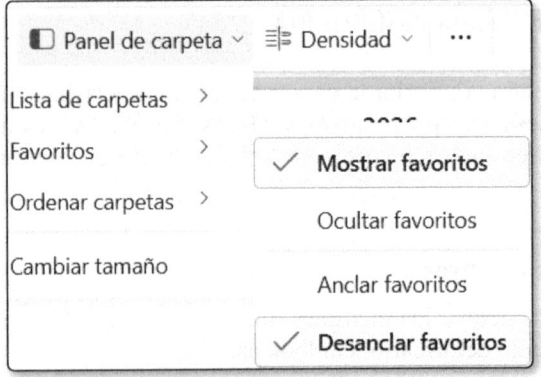

5.3 NAVEGAR ENTRE CARPETAS

Outlook organiza el correo en carpetas que permiten clasificar los mensajes según su función o contenido. La correcta gestión de carpetas es fundamental para mantener una bandeja de entrada ordenada y facilitar la búsqueda de información.

5.3.1 Carpetas predeterminadas

Outlook incluye varias carpetas creadas automáticamente:

- ▶ **Bandeja de entrada.**
- ▶ **Elementos enviados.**
- ▶ **Borradores.**

- ▶ **Elementos eliminados.**
- ▶ **Correo no deseado.**
- ▶ **Archivo.**

Estas carpetas no pueden eliminarse, ya que forman parte del funcionamiento básico del correo.

5.3.2 Crear, renombrar y eliminar carpetas

El usuario puede crear carpetas personalizadas para organizar mejor su correo:

- ▶ Para crear una carpeta, basta con hacer clic derecho sobre *Carpetas* y seleccionar *Nueva carpeta*.

- ▶ Las carpetas pueden renombrarse o eliminarse desde el menú contextual.

- ▶ Las subcarpetas permiten organizar la información por:
  - Proyectos.
  - Clientes.
  - Departamentos.
  - Temas específicos.

Una estructura de carpetas bien diseñada facilita la clasificación y recuperación de mensajes.

5.3.3 Carpetas favoritas

Las carpetas más utilizadas pueden añadirse a la sección **Favoritos**, situada en la parte superior del panel de navegación. Esto facilita el acceso rápido a las carpetas más importantes, especialmente en entornos donde se gestionan múltiples proyectos simultáneamente.

5.4 CREAR Y GESTIONAR CORREOS

La creación y gestión de mensajes es una de las funciones principales de Outlook. Dominar estas herramientas permite comunicarse de forma clara, profesional y eficiente.

5.4.1 Crear un nuevo correo

Para redactar un mensaje:

1. Pulsar en **Nuevo mensaje**.
2. Introducir el destinatario o destinatarios.
3. Escribir el asunto.
4. Redactar el contenido del mensaje.
5. Enviar el correo.

Outlook permite añadir destinatarios en los campos:

- **CC** (con copia).
- **CCO** (con copia oculta).

5.4.2 Responder y reenviar

Las opciones principales son:

- **Responder**, para contestar al remitente.
- **Responder a todos**, para incluir a todos los destinatarios originales.
- **Reenviar**, para enviar el mensaje a un nuevo destinatario.

5.4.3 Adjuntar archivos (locales y OneDrive)

Outlook permite adjuntar archivos desde:

- El equipo local.
- OneDrive.
- SharePoint.
- Archivos recientes.

Los archivos adjuntos desde OneDrive pueden compartirse como vínculos, lo que:

- Evita duplicados.
- Reduce el tamaño del correo.
- Facilita la colaboración.
- Permite actualizar el archivo sin reenviar el mensaje.

5.4.4 Opciones de formato

El editor de mensajes incluye herramientas para:

- Cambiar la fuente y el tamaño.
- Aplicar negrita, cursiva o subrayado.
- Insertar listas y tablas.
- Añadir imágenes o vínculos.
- Insertar firmas.
- Aplicar estilos de texto.
- Insertar emojis o menciones.

5.5 FIRMA PERSONALIZADA

La firma es un bloque de texto que se añade automáticamente al final de los mensajes. Permite incluir:

- Nombre y apellidos.
- Cargo profesional.
- Información de contacto.
- Logotipo corporativo.
- Enlaces a redes profesionales.

5.5.1 Crear una firma

Para crear una firma:

1. Acceder a **Configuración → Ver toda la configuración de Outlook**.
2. Seleccionar **Redactar y responder**.
3. Escribir la firma en el editor.

5.5.2 Firmas múltiples

Outlook permite crear varias firmas y elegir cuál utilizar en cada mensaje. Esto es útil para:

- Diferentes departamentos.
- Distintos idiomas.
- Comunicaciones internas y externas.

5.5.3 Aplicación automática

El usuario puede decidir si la firma se añade automáticamente a:

- Nuevos mensajes.
- Respuestas y reenvíos.
- Ambos tipos de mensajes.

5.6 BUZONES COMPARTIDOS

Los buzones compartidos permiten que varios usuarios accedan a un mismo correo corporativo. Son habituales en:

- Departamentos de atención al cliente.
- Equipos administrativos.
- Servicios de soporte.
- Áreas de comunicación.

5.6.1 Acceso a buzones compartidos

El acceso se concede desde el departamento de administración de TI. Una vez asignado, el buzón aparece automáticamente en el panel de carpetas.

5.6.2 Enviar en nombre de

Los usuarios autorizados pueden enviar mensajes:

- **En nombre de** la cuenta compartida.
- **Como** la cuenta compartida (si tienen permisos completos).

5.6.3 Permisos y administración

Los permisos habituales son:

- **Lectura.**
- **Envío.**
- **Control total del buzón.**

La administración de permisos se realiza desde el área de TI.

ACTIVIDAD

Actividad 1. Personalización de la interfaz

Objetivo: configurar la vista del correo según las necesidades del usuario.

Tareas:

- Cambiar la densidad de pantalla.
- Modificar el panel de lectura.
- Activar o desactivar la vista de conversación.

6

TRANSMISIÓN INTERNA PERSONAL DE DOCUMENTACIÓN

6.1 PRINCIPIOS BÁSICOS DE LA COMUNICACIÓN PROFESIONAL

La comunicación profesional constituye uno de los pilares fundamentales para el correcto funcionamiento de cualquier organización. A través de ella se transmiten instrucciones, se coordinan tareas, se comparten conocimientos y se favorece la toma de decisiones. Una comunicación eficaz contribuye a mejorar la productividad, reduce la aparición de errores y fortalece el clima laboral.

En el ámbito administrativo y empresarial, comunicarse no implica únicamente transmitir información, sino hacerlo de manera clara, precisa y adecuada al contexto. La calidad de la comunicación influye directamente en la eficiencia de los procesos de trabajo y en la imagen profesional tanto de las personas como de la organización.

Comprender los principios básicos de la comunicación profesional permite actuar con mayor seguridad, interpretar correctamente los mensajes recibidos y transmitir información de forma responsable, evitando malentendidos que puedan afectar al desarrollo de la actividad laboral.

6.1.1 La comunicación en el entorno laboral

La comunicación en el entorno laboral es el proceso mediante el cual las personas que integran una organización intercambian información necesaria para el desarrollo de sus funciones. Este intercambio puede producirse de forma oral, escrita o digital, y debe caracterizarse por la claridad, la coherencia y el respeto.

Una comunicación interna adecuada facilita la coordinación entre departamentos, mejora la organización del trabajo y contribuye al logro de los objetivos empresariales.

Por el contrario, las deficiencias comunicativas pueden generar conflictos, retrasos en la ejecución de tareas o interpretaciones erróneas de las instrucciones.

En el contexto profesional, la comunicación debe ajustarse a determinados criterios:

- **Precisión**, para evitar ambigüedades.
- **Brevedad**, transmitiendo la información necesaria sin excesos.
- **Pertinencia**, asegurando que el mensaje sea relevante para la persona destinataria.
- **Respeto**, manteniendo un tono adecuado y profesional.

Asimismo, la transformación digital ha ampliado los canales de comunicación dentro de las organizaciones. El correo electrónico, las plataformas colaborativas o las intranets conviven con formas tradicionales como reuniones o comunicaciones telefónicas, lo que exige desarrollar habilidades para adaptarse a distintos medios.

Una comunicación profesional eficaz no solo transmite información, sino que también favorece la confianza, la colaboración y el sentido de pertenencia a la organización.

6.1.2 Elementos del proceso comunicativo

Todo acto comunicativo se estructura en torno a una serie de elementos básicos que permiten que el mensaje sea emitido, transmitido y comprendido correctamente.

Los principales elementos del proceso comunicativo son:

- **Emisor**: persona que genera y transmite el mensaje. Debe organizar la información de forma comprensible y adaptarla al perfil del receptor.
- **Receptor**: persona que recibe e interpreta el mensaje. Su nivel de atención y comprensión resulta determinante para que la comunicación sea efectiva.
- **Mensaje**: contenido que se desea comunicar. Debe ser claro, coherente y estructurado.
- **Canal**: medio a través del cual se transmite la información (oral, escrito, digital).
- **Código**: sistema de signos compartido por emisor y receptor, normalmente el lenguaje.
- **Contexto**: situación en la que se produce la comunicación, que influye en su interpretación.
- **Retroalimentación o feedback**: respuesta del receptor que confirma si el mensaje ha sido comprendido correctamente.

La ausencia o alteración de alguno de estos elementos puede provocar fallos comunicativos. Por ejemplo, elegir un canal inadecuado o utilizar un lenguaje excesivamente técnico puede dificultar la comprensión del mensaje.

Por ello, antes de comunicar información relevante, es recomendable reflexionar sobre qué se quiere transmitir, a quién va dirigido el mensaje y cuál es el medio más adecuado.

6.1.3 Barreras de la comunicación

Las barreras de la comunicación son obstáculos que dificultan la correcta transmisión o interpretación del mensaje. Identificarlas es esencial para prevenir errores y mejorar la eficacia comunicativa.

Entre las barreras más habituales en el entorno laboral se encuentran:

Barreras físicas

Relacionadas con el entorno, como el ruido, la distancia, una mala conexión o fallos tecnológicos.

Barreras semánticas

Se producen cuando el lenguaje utilizado resulta confuso, ambiguo o excesivamente técnico para el receptor.

Barreras psicológicas

Derivan de factores personales como prejuicios, falta de atención, estrés o desmotivación.

Barreras organizativas

Aparecen cuando la estructura de la empresa dificulta el flujo de información, por ejemplo, debido a una jerarquía excesivamente rígida o a la ausencia de canales definidos.

Barreras culturales

Surgen cuando existen diferencias en valores, normas o estilos de comunicación.

Superar estas barreras requiere adoptar una actitud abierta, verificar la comprensión del mensaje y fomentar un clima de confianza que facilite el intercambio de información.

6.1.4 Estrategias para una comunicación eficaz

Desarrollar una comunicación eficaz es una competencia profesional clave que puede aprenderse y perfeccionarse mediante la práctica. Aplicar determinadas estrategias contribuye a mejorar la claridad del mensaje y a reducir la probabilidad de malentendidos.

Entre las estrategias más relevantes destacan:

- ▶ **Planificar el mensaje antes de transmitirlo**, identificando la información esencial.

- ▶ **Utilizar un lenguaje claro y adaptado al receptor**, evitando tecnicismos innecesarios.

- ▶ **Escuchar activamente**, prestando atención y mostrando interés por la información recibida.

- ▶ **Verificar la comprensión**, solicitando confirmación cuando el mensaje sea especialmente importante.

- ▶ **Elegir el canal adecuado**, teniendo en cuenta la urgencia y la naturaleza de la información.

- ▶ **Cuidar la comunicación no verbal**, como el tono de voz, la postura o el contacto visual en interacciones presenciales.

- ▶ **Fomentar el feedback**, ya que permite detectar posibles errores y mejorar futuros intercambios.

Además, la comunicación eficaz implica responsabilidad. La información transmitida en el entorno laboral puede tener consecuencias organizativas, por lo que debe manejarse con rigor y profesionalidad.

En definitiva, dominar los principios básicos de la comunicación profesional favorece la eficiencia del trabajo, mejora las relaciones interpersonales y contribuye al buen funcionamiento de la organización. Se trata de una competencia transversal que resulta imprescindible en cualquier puesto de trabajo y que adquiere especial relevancia en contextos donde la transmisión de información debe realizarse con precisión y fiabilidad.

6.2 ESCUCHA ACTIVA EN LA RECEPCIÓN DE INSTRUCCIONES

La escucha activa es una competencia esencial en el entorno profesional, especialmente cuando se reciben instrucciones de trabajo que deben ejecutarse con precisión. No se limita a oír lo que otra persona dice, sino que implica prestar atención de forma consciente, interpretar correctamente el mensaje y demostrar interés por comprenderlo en su totalidad.

En el ámbito laboral, una escucha deficiente puede provocar errores operativos, retrasos en la ejecución de tareas, duplicidad de trabajos o incumplimiento de objetivos. Por el contrario, cuando la persona trabajadora practica la escucha activa, se reduce la incertidumbre, se mejora la coordinación y se incrementa la eficiencia organizativa.

La escucha activa exige concentración, disposición para comprender y una actitud respetuosa hacia la persona que transmite la información. Asimismo, supone asumir un papel participativo dentro del proceso comunicativo, verificando que las instrucciones han sido entendidas antes de llevarlas a la práctica.

6.2.1 Concepto de escucha activa

La escucha activa puede definirse como el proceso mediante el cual una persona recibe un mensaje, lo interpreta de forma consciente y muestra señales de comprensión hacia el emisor. Este tipo de escucha requiere atención plena y evita distracciones que puedan interferir en la recepción de la información.

A diferencia de la escucha pasiva, en la que el receptor se limita a oír sin procesar el contenido, la escucha activa implica analizar el mensaje, identificar las ideas principales y relacionarlas con el contexto laboral en el que se aplicarán.

Entre las características principales de la escucha activa destacan:

- ▶ **Atención consciente**, centrada en el mensaje y no en estímulos externos.
- ▶ **Interpretación correcta**, evitando suposiciones o conclusiones precipitadas.
- ▶ **Actitud receptiva**, mostrando interés mediante gestos o respuestas breves.
- ▶ **Disposición para aclarar dudas**, cuando la información no resulte completamente comprensible.

En entornos profesionales donde las instrucciones pueden afectar a procesos críticos, la escucha activa se convierte en una garantía de calidad y seguridad en el trabajo.

6.2.2 Técnicas para mejorar la comprensión

La capacidad de escuchar activamente puede desarrollarse mediante la aplicación de técnicas específicas que favorecen la comprensión del mensaje y reducen el riesgo de errores.

Entre las técnicas más eficaces se encuentran:

Mantener la atención

Evitar interrupciones, apartar dispositivos que generen distracción y concentrarse en la persona que transmite la información.

Adoptar una postura receptiva

El contacto visual, la orientación corporal y los gestos de asentimiento facilitan la comunicación y transmiten interés.

No interrumpir

Permitir que el emisor finalice la explicación antes de formular preguntas evita interpretaciones incompletas.

Tomar notas

Registrar datos relevantes como plazos, procedimientos o responsables ayuda a recordar la información y permite consultarla posteriormente.

Parafrasear el mensaje

Repetir con palabras propias lo que se ha entendido permite comprobar la exactitud de la interpretación.

Formular preguntas claras

Plantear dudas concretas contribuye a completar la información y evita suposiciones erróneas.

Aplicar estas técnicas favorece una comprensión más profunda y contribuye a ejecutar las tareas con mayor seguridad.

6.2.3 Confirmación de instrucciones recibidas

Confirmar las instrucciones es una práctica profesional imprescindible para asegurar que el mensaje ha sido interpretado correctamente. Este proceso forma parte del feedback comunicativo y permite detectar posibles malentendidos antes de que se materialicen en errores.

La confirmación puede realizarse de distintas formas:

- **Repetición verbal de la instrucción**, sintetizando los aspectos clave.
- **Resumen escrito**, especialmente útil cuando se trata de tareas complejas.
- **Solicitud de validación**, preguntando si la interpretación es correcta.
- **Uso de canales formales**, como el correo electrónico, para dejar constancia de la información recibida.

Por ejemplo, tras recibir una instrucción, resulta adecuado expresar:

"Para confirmar, debo preparar el informe antes del viernes y enviarlo al departamento financiero, ¿es correcto?"

Este tipo de verificación refuerza la responsabilidad profesional y transmite una imagen de rigor y compromiso con la calidad del trabajo.

Además, en organizaciones donde intervienen varias personas en un mismo proceso, la confirmación evita duplicidades y facilita la coordinación.

6.2.4 Detección de errores de interpretación

Los errores de interpretación se producen cuando el mensaje recibido no coincide con la intención del emisor. Detectarlos de manera temprana es fundamental para evitar consecuencias negativas en el desarrollo de la actividad laboral.

Las causas más frecuentes de estos errores incluyen:

- **Falta de atención durante la explicación.**
- **Uso de lenguaje ambiguo o excesivamente técnico.**
- **Suposiciones basadas en experiencias previas.**
- **Ausencia de preguntas aclaratorias.**
- **Interpretación subjetiva del mensaje.**

Para prevenirlos, es recomendable:

- Solicitar ejemplos cuando la instrucción resulte compleja.
- Confirmar fechas, responsabilidades y procedimientos.
- Revisar la información antes de iniciar la tarea.
- Comunicar de inmediato cualquier duda o inconsistencia detectada.

Asimismo, las organizaciones pueden contribuir a reducir estos errores mediante instrucciones claras, protocolos definidos y canales de comunicación estructurados.

Detectar un error de interpretación no debe percibirse como un fallo personal, sino como una oportunidad para mejorar la comunicación y garantizar la correcta ejecución del trabajo.

La escucha activa es una habilidad transversal que influye directamente en la calidad del desempeño profesional. Practicarla de forma habitual permite comprender mejor las instrucciones, actuar con mayor seguridad y fortalecer la colaboración dentro del equipo de trabajo. Se trata, por tanto, de una competencia imprescindible para cualquier persona que participe en procesos organizativos donde la precisión y la responsabilidad resultan determinantes.

6.3 TIPOS DE COMUNICACIÓN EN LA ORGANIZACIÓN

La comunicación constituye uno de los pilares fundamentales del funcionamiento de cualquier organización. A través de ella se transmiten instrucciones, se coordinan tareas, se comparten conocimientos y se fortalecen las relaciones profesionales. Una comunicación eficaz favorece la productividad, mejora el clima laboral y reduce la aparición de errores derivados de interpretaciones incorrectas.

En el entorno profesional, la comunicación adopta distintas formas según el número de personas implicadas, el canal utilizado, la estructura jerárquica o el propósito del mensaje. Conocer los diferentes tipos de comunicación permite seleccionar el modo más adecuado en cada situación y facilita una interacción más eficiente entre los miembros de la organización.

Asimismo, la transformación digital ha ampliado los canales disponibles, incorporando herramientas tecnológicas que conviven con los medios tradicionales. Este contexto exige desarrollar competencias comunicativas que permitan adaptarse a diversos formatos y entornos de trabajo.

6.3.1 Comunicación interpersonal

La comunicación interpersonal es aquella que se produce entre dos o más personas de forma directa. Es el tipo de comunicación más habitual en el entorno laboral y resulta esencial para la coordinación de tareas, la resolución de problemas y el trabajo en equipo.

Puede desarrollarse tanto de manera presencial como a través de medios digitales, como llamadas telefónicas o videoconferencias. En cualquier caso, su eficacia depende de factores como la claridad del mensaje, la actitud de las personas interlocutoras y la capacidad de escucha.

Entre sus características principales destacan:

- **Bidireccionalidad**, ya que permite el intercambio inmediato de información.
- **Cercanía**, lo que facilita la comprensión del mensaje.
- **Rapidez en la respuesta**, favoreciendo la toma de decisiones.
- **Influencia del lenguaje no verbal**, como gestos, postura o tono de voz.

Una comunicación interpersonal adecuada contribuye a generar confianza, prevenir conflictos y mejorar la colaboración profesional.

6.3.2 Comunicación organizacional

La comunicación organizacional engloba el conjunto de mensajes que circulan dentro de una empresa o institución para garantizar su correcto funcionamiento. No solo incluye la transmisión de información operativa, sino también la comunicación relacionada con la cultura corporativa, los valores y los objetivos estratégicos.

Este tipo de comunicación permite:

- Coordinar actividades entre departamentos.
- Informar sobre políticas internas y procedimientos.
- Facilitar la integración de las personas trabajadoras.
- Impulsar la participación en los objetivos de la organización.

La comunicación organizacional puede desarrollarse mediante múltiples canales, tales como reuniones, circulares internas, intranet corporativa, correos electrónicos o plataformas colaborativas.

Cuando está bien estructurada, contribuye a reducir la incertidumbre, mejorar la transparencia y reforzar el sentido de pertenencia.

6.3.3 Comunicación formal e informal

Dentro de las organizaciones conviven dos formas de comunicación que cumplen funciones complementarias: la formal y la informal.

Comunicación formal

Es aquella que sigue los canales oficiales establecidos por la organización y suele quedar registrada. Se utiliza para transmitir información relevante, instrucciones de trabajo o decisiones estratégicas.

Ejemplos habituales son:

- Informes.
- Comunicados internos.
- Manuales de procedimiento.
- Correos corporativos.
- Actas de reuniones.

Su principal ventaja es la fiabilidad, ya que garantiza coherencia y trazabilidad de la información.

Comunicación informal

Surge de manera espontánea entre las personas trabajadoras y no siempre sigue los canales oficiales. Se produce en conversaciones cotidianas, pausas laborales o intercambios breves.

Aunque en ocasiones puede generar rumores o información imprecisa, también cumple funciones positivas:

- Favorece la cohesión del grupo.
- Mejora el clima laboral.
- Facilita la circulación rápida de información.

Una organización eficiente no elimina la comunicación informal, sino que procura equilibrarla con la formal para evitar distorsiones.

6.3.4 Comunicación ascendente, descendente y horizontal

La dirección que sigue el flujo de información dentro de la estructura organizativa permite distinguir tres modalidades principales.

Comunicación descendente

Se produce cuando la información fluye desde los niveles superiores hacia los inferiores de la jerarquía. Su finalidad suele ser transmitir instrucciones, objetivos, normas o evaluaciones.

Entre sus ventajas se encuentran la claridad en la asignación de tareas y la alineación con los objetivos organizativos. No obstante, debe evitarse un enfoque exclusivamente unidireccional que limite la participación.

Comunicación ascendente

Tiene lugar cuando las personas trabajadoras transmiten información a sus superiores. Puede incluir propuestas de mejora, informes de resultados, incidencias o necesidades detectadas.

Favorece la implicación del personal y permite a la dirección conocer la realidad operativa de la organización.

Comunicación horizontal

Se establece entre personas o departamentos que se encuentran en un mismo nivel jerárquico. Resulta especialmente importante para la coordinación de actividades y el trabajo colaborativo.

Sus principales beneficios son:

- Mayor agilidad en los procesos.
- Reducción de errores.
- Mejora del trabajo en equipo.

Una organización eficaz promueve el equilibrio entre estas tres direcciones comunicativas para garantizar un flujo de información constante y coherente.

6.3.5 El feedback como herramienta de mejora

El feedback, o retroalimentación, es el proceso mediante el cual una persona recibe información sobre su desempeño, comportamiento o resultados. Constituye una herramienta clave para el aprendizaje y la mejora continua dentro de la organización.

El feedback puede ser:

- **Positivo**, cuando reconoce logros o buenas prácticas.
- **Constructivo**, cuando señala aspectos susceptibles de mejora ofreciendo orientaciones claras.

Para que resulte eficaz, debe reunir ciertas características:

- **Claridad**, evitando ambigüedades.
- **Objetividad**, basada en hechos observables.
- **Respeto**, cuidando la forma en que se transmite.
- **Oportunidad**, proporcionándolo en el momento adecuado.

Asimismo, el feedback no debe entenderse únicamente como una práctica descendente. Las organizaciones modernas fomentan la retroalimentación bidireccional, donde todas las personas pueden expresar opiniones y contribuir a la mejora de los procesos.

Una cultura organizativa que integra el feedback de manera habitual favorece el desarrollo profesional, incrementa la motivación y fortalece la calidad del trabajo.

6.4 INTERPRETACIÓN Y TRANSMISIÓN DE INSTRUCCIONES DE TRABAJO

La correcta interpretación y transmisión de las instrucciones de trabajo es un aspecto esencial para garantizar la eficacia, la seguridad y la calidad en el desarrollo de cualquier actividad profesional. Las organizaciones funcionan a partir de procesos coordinados que requieren que cada persona comprenda con precisión qué debe hacer, cómo debe hacerlo y en qué plazo.

Una instrucción mal entendida puede provocar errores operativos, retrasos en la producción, duplicidad de tareas o incluso riesgos laborales. Por ello, no basta con recibir una orden: es necesario interpretarla adecuadamente, verificar su contenido y transmitirla de forma clara cuando intervienen otras personas en el proceso.

Esta competencia profesional combina habilidades comunicativas, capacidad de organización y responsabilidad individual. Además, exige mantener una actitud proactiva para resolver dudas, registrar la información relevante y asegurar que el mensaje se conserva sin alteraciones.

6.4.1 Recepción de órdenes y tareas

La recepción de órdenes constituye el primer paso en la ejecución de cualquier actividad laboral. Puede producirse de manera verbal, escrita o a través de herramientas digitales, como plataformas corporativas o sistemas de gestión interna.

Para que este proceso sea eficaz, la persona receptora debe prestar atención al contenido del mensaje y asegurarse de comprender los elementos fundamentales de la instrucción.

Entre los aspectos que deben identificarse al recibir una tarea destacan:

- **Objetivo de la actividad**, es decir, el resultado que se espera obtener.
- **Procedimiento a seguir**, incluyendo normas o protocolos específicos.
- **Plazos de ejecución**, que determinan la urgencia del trabajo.
- **Recursos disponibles**, tanto materiales como tecnológicos.
- **Responsables implicados**, especialmente cuando se trata de tareas compartidas.

Adoptar una actitud de escucha activa resulta imprescindible en esta fase. Asimismo, es recomendable evitar interrupciones y tomar notas cuando la información sea extensa o compleja.

Una recepción adecuada de las órdenes contribuye a reducir la incertidumbre y facilita una ejecución más segura y eficiente.

6.4.2 Priorización de actividades

En muchos entornos laborales es habitual recibir varias instrucciones simultáneamente. Ante esta situación, la capacidad de priorizar actividades se convierte en una competencia clave para gestionar el tiempo de manera eficaz y cumplir los objetivos establecidos.

Priorizar implica ordenar las tareas según criterios como su urgencia, su importancia o su impacto en el funcionamiento de la organización.

Algunos criterios habituales para establecer prioridades son:

- **Nivel de urgencia**, determinado por los plazos de entrega.
- **Grado de importancia**, en función de las consecuencias que tendría su incumplimiento.
- **Dependencia de otras tareas**, cuando una actividad condiciona el inicio de otra.
- **Disponibilidad de recursos**, que puede acelerar o retrasar la ejecución.

Una herramienta útil es diferenciar entre tareas urgentes e importantes, evitando dedicar excesivo tiempo a actividades de escasa relevancia.

Además, cuando surgen dudas sobre el orden de ejecución, resulta recomendable consultar con la persona responsable para evitar decisiones erróneas.

La correcta priorización mejora la productividad, reduce el estrés laboral y favorece una organización más eficiente del trabajo.

6.4.3 Clarificación de dudas

Solicitar aclaraciones no debe interpretarse como una falta de competencia, sino como una práctica profesional responsable. La clarificación de dudas permite prevenir errores y garantiza que la tarea se realice conforme a lo esperado.

Las dudas pueden surgir por diferentes motivos, como instrucciones ambiguas, información incompleta o cambios en los procedimientos.

Para aclararlas de forma eficaz, se recomienda:

▶ Formular preguntas concretas y directas.

▶ Confirmar datos relevantes como fechas, formatos o destinatarios.

▶ Solicitar ejemplos cuando el procedimiento sea complejo.

▶ Verificar cualquier cambio respecto a instrucciones anteriores.

Es preferible plantear una duda antes de iniciar la actividad que corregir un error una vez finalizada. Esta actitud demuestra compromiso con la calidad del trabajo y respeto por los procesos organizativos.

Las organizaciones que fomentan un clima de comunicación abierta facilitan este proceso, reduciendo la posibilidad de malentendidos.

6.4.4 Registro de instrucciones

El registro de instrucciones consiste en documentar la información recibida para poder consultarla posteriormente y asegurar su correcta aplicación. Este hábito profesional resulta especialmente valioso cuando se gestionan múltiples tareas o proyectos.

El registro puede realizarse en distintos formatos:

▶ **Anotaciones en agendas o cuadernos profesionales.**

▶ **Documentos digitales.**

▶ **Aplicaciones de gestión de tareas.**

▶ **Correos electrónicos de confirmación.**

Registrar las instrucciones aporta numerosas ventajas:

- Reduce la dependencia de la memoria.
- Facilita el seguimiento de las tareas.
- Permite comprobar plazos y responsabilidades.
- Sirve como evidencia ante posibles incidencias.

Además, cuando la información debe transmitirse a otras personas, disponer de un registro evita distorsiones y garantiza la fidelidad del mensaje original.

Es importante que estos registros se mantengan actualizados y organizados, especialmente en entornos donde la trazabilidad de la información resulta crítica.

6.5 GESTIÓN DE INCIDENCIAS EN LA TRANSMISIÓN DE INFORMACIÓN

La transmisión de información es un proceso esencial para el funcionamiento de cualquier organización. Sin embargo, incluso cuando existen protocolos definidos, pueden producirse incidencias que alteren la claridad, la integridad o la oportunidad del mensaje. Gestionar estas situaciones de forma adecuada es un indicador de calidad organizativa y un elemento clave para garantizar la continuidad de los procesos de trabajo.

Una incidencia puede generar retrasos, errores en la ejecución de tareas, conflictos internos o pérdidas de información relevante. Por ello, las organizaciones deben contar con procedimientos que permitan detectarlas, comunicarlas y resolverlas con rapidez.

La correcta gestión de incidencias no solo implica actuar cuando surge un problema, sino también adoptar una actitud preventiva que minimice los riesgos asociados a la comunicación profesional.

6.5.1 Tipología de incidencias

Las incidencias en la transmisión de información pueden adoptar diversas formas según su origen y sus consecuencias. Identificarlas correctamente facilita una respuesta más rápida y eficaz.

Entre las más habituales se encuentran:

Errores en el contenido del mensaje

Se producen cuando la información transmitida es incorrecta, incompleta o ambigua. Pueden deberse a fallos humanos, interpretaciones erróneas o falta de verificación previa.

Pérdida de información

Ocurre cuando el mensaje no llega a su destinatario o se extravía durante el proceso de comunicación. Es frecuente en entornos con múltiples canales o sin sistemas de registro adecuados.

Retrasos en la transmisión

Aparecen cuando la información se comunica fuera del plazo necesario, afectando a la planificación de tareas y a la toma de decisiones.

Uso de canales inadecuados

Transmitir información relevante por medios no oficiales puede provocar falta de trazabilidad o dificultades para confirmar el mensaje.

Problemas tecnológicos

Incluyen fallos en el correo electrónico, interrupciones de red o errores en plataformas digitales que impiden el flujo normal de información.

Distorsiones del mensaje

Se producen cuando el contenido se modifica involuntariamente al pasar por varias personas, generando interpretaciones distintas del mensaje original.

Reconocer estas tipologías permite aplicar medidas preventivas y mejorar los sistemas de comunicación interna.

6.5.2 Detección temprana de errores

Detectar una incidencia en sus primeras fases reduce significativamente su impacto. La detección temprana exige atención, capacidad de observación y revisión constante de la información que se maneja.

Algunas señales que pueden alertar de un error son:

▼ Incoherencias entre distintas instrucciones.

▼ Falta de datos esenciales para ejecutar una tarea.

▼ Diferencias entre lo comunicado y lo registrado.

▼ Retrasos injustificados en la recepción de información.

▼ Resultados que no coinciden con lo esperado.

Para favorecer la detección temprana, resulta recomendable:

▼ Revisar los mensajes antes de actuar.

▼ Confirmar la recepción de información importante.

▼ Utilizar sistemas de registro que permitan comprobar los datos.

▼ Mantener canales de comunicación abiertos con el equipo.

Una cultura organizativa orientada a la prevención considera los errores como oportunidades de mejora, promoviendo la revisión de los procesos para evitar su repetición.

6.5.3 Procedimientos de comunicación de incidencias

Cuando se detecta una incidencia, es fundamental comunicarla de manera inmediata y siguiendo los protocolos establecidos por la organización. Retrasar esta comunicación puede agravar el problema y dificultar su solución.

Un procedimiento eficaz suele contemplar las siguientes fases:

Identificación de la incidencia

Describir con precisión qué ha ocurrido, cuándo se ha detectado y qué efectos puede tener.

Notificación a la persona responsable

Informar al superior jerárquico o al departamento correspondiente utilizando los canales oficiales.

Registro de la incidencia

Documentar el problema para dejar constancia y facilitar su seguimiento. Este registro puede formar parte de los sistemas de calidad de la organización.

Propuesta de medidas iniciales

Cuando sea posible, se pueden sugerir acciones para reducir el impacto mientras se resuelve la situación.

La comunicación debe ser clara, objetiva y basada en hechos, evitando interpretaciones personales que puedan generar confusión.

6.5.4 Seguimiento y resolución

La gestión de una incidencia no finaliza con su comunicación. Es necesario realizar un seguimiento que garantice su resolución y permita evaluar las causas que la originaron.

El seguimiento implica:

▶ Verificar que la información corregida ha llegado a todas las personas implicadas.

▶ Comprobar que las tareas afectadas se han reanudado con normalidad.

▶ Analizar el origen del problema para prevenir futuras incidencias.

▶ Actualizar los procedimientos si se detectan debilidades.

La resolución efectiva de incidencias contribuye a fortalecer la fiabilidad de los procesos organizativos y refuerza la confianza entre los miembros del equipo.

Además, muchas organizaciones integran la gestión de incidencias dentro de sus sistemas de calidad, ya que permite identificar áreas de mejora y optimizar la comunicación interna.

6.6 PROTOCOLO INTERNO DE COMUNICACIÓN DOCUMENTAL

El protocolo interno de comunicación documental es el conjunto de normas, procedimientos y criterios que regulan la gestión de los documentos dentro de una organización. Su finalidad principal es garantizar que la información circule de manera ordenada, segura y eficiente, evitando pérdidas, duplicidades o accesos no autorizados.

En cualquier entorno profesional, los documentos constituyen un soporte esencial para la toma de decisiones, la trazabilidad de los procesos y el cumplimiento de las obligaciones legales. Por ello, disponer de un protocolo claro contribuye a mejorar la organización del trabajo, reforzar la transparencia y aumentar la calidad del servicio.

Un protocolo bien diseñado permite saber qué hacer con cada documento desde el momento en que se recibe hasta su conservación final, estableciendo responsabilidades y asegurando que la información llegue a la persona adecuada en el momento oportuno.

6.6.1 Concepto de protocolo organizativo

El protocolo organizativo puede definirse como el sistema estructurado que determina cómo deben gestionarse los documentos y las comunicaciones dentro de una entidad. Incluye directrices sobre la recepción, el tratamiento, la distribución, la resolución y el archivo de la información.

Entre sus objetivos principales se encuentran:

▶ **Garantizar la correcta circulación de la información.**

▶ **Proteger la confidencialidad de los datos.**

▶ **Facilitar la localización de documentos.**

▶ **Evitar errores administrativos.**

▶ **Asegurar el cumplimiento normativo.**

Además, el protocolo favorece la estandarización de los procesos, lo que permite que cualquier persona trabajadora conozca cómo actuar ante la llegada o emisión de un documento.

Para que resulte eficaz, debe ser conocido por toda la organización y aplicarse de manera uniforme, independientemente del departamento o del canal utilizado.

6.6.2 Fases del protocolo

La gestión documental se desarrolla a través de una serie de fases que garantizan el control del documento durante todo su ciclo de vida. Cada una de ellas cumple una función específica dentro del proceso organizativo.

Recepción

La recepción es la fase inicial del protocolo y consiste en la entrada de documentos en la organización, ya sea en formato físico o digital. Estos pueden proceder de clientes, proveedores, administraciones públicas u otras áreas internas.

Durante esta etapa es importante:

▶ Verificar la procedencia del documento.

▶ Comprobar que la información esté completa.

▶ Identificar su carácter urgente o prioritario.

▶ Detectar posibles errores o incidencias.

Una recepción adecuada evita retrasos en la tramitación y garantiza que el documento sea tratado conforme a su importancia.

Registro

El registro implica anotar la entrada o salida del documento en un sistema que permita su control y seguimiento. Este proceso es fundamental para asegurar la trazabilidad de la información.

Los datos que suelen registrarse incluyen:

▶ Fecha de recepción o envío.

▶ Número de registro.

▶ Remitente o destinatario.

▶ Asunto o descripción.

▶ Departamento responsable.

El registro puede realizarse mediante libros oficiales, aplicaciones informáticas o sistemas de gestión documental. Gracias a este procedimiento, es posible localizar cualquier documento con rapidez y comprobar su estado de tramitación.

Distribución

Una vez registrado, el documento debe remitirse a la persona o unidad responsable de su gestión. La distribución debe realizarse con agilidad para evitar interrupciones en los procesos de trabajo.

Para ello, es necesario:

▶ Identificar correctamente al destinatario.

▶ Utilizar canales seguros de transmisión.

▶ Respetar los niveles de confidencialidad.

▶ Priorizar los documentos urgentes.

Una distribución eficaz garantiza que la información llegue sin alteraciones y dentro de los plazos previstos.

Resolución

La resolución corresponde a la fase en la que se atiende el contenido del documento y se adoptan las acciones necesarias. Puede implicar responder a una solicitud, ejecutar un trámite, elaborar un informe o tomar una decisión.

Durante esta etapa resulta fundamental:

- Analizar el contenido con rigor.
- Aplicar los procedimientos establecidos.
- Cumplir los plazos de respuesta.
- Dejar constancia de las actuaciones realizadas.

Una gestión adecuada de la resolución contribuye a reforzar la imagen profesional de la organización y a mejorar la satisfacción de las personas usuarias o colaboradoras.

Archivo

El archivo constituye la fase final del protocolo documental y consiste en conservar los documentos de forma organizada para facilitar su consulta futura.

Un sistema de archivo eficiente debe:

- Permitir una localización rápida.
- Garantizar la integridad del documento.
- Proteger la información confidencial.
- Cumplir los plazos legales de conservación.

Actualmente, muchas organizaciones combinan archivos físicos y digitales, lo que exige aplicar criterios de clasificación homogéneos.

Además de su valor operativo, el archivo tiene una función legal y probatoria, ya que los documentos pueden ser requeridos en auditorías, inspecciones o procedimientos administrativos.

6.7 ACTITUD PROFESIONAL EN LA RESOLUCIÓN DE CONFLICTOS

El conflicto forma parte de la dinámica habitual de cualquier organización en la que interactúan personas con diferentes responsabilidades, intereses, experiencias y formas de pensar. Lejos de ser un fenómeno exclusivamente negativo, el conflicto puede convertirse en una oportunidad para mejorar los procesos, fortalecer las relaciones profesionales y favorecer la innovación, siempre que se gestione de manera adecuada.

La actitud profesional ante los conflictos implica actuar con responsabilidad, autocontrol y respeto, evitando respuestas impulsivas que puedan agravar la situación. Supone, además, adoptar una postura orientada a la búsqueda de soluciones, priorizando los objetivos organizativos y el bienestar del equipo.

Desarrollar competencias como la comunicación asertiva, la empatía y la inteligencia emocional permite afrontar los desacuerdos con mayor eficacia, contribuyendo a mantener un clima laboral positivo y colaborativo.

6.7.1 El conflicto en el entorno de trabajo

El conflicto laboral puede definirse como una situación de desacuerdo entre dos o más personas derivada de intereses, percepciones o necesidades incompatibles. Estas situaciones pueden surgir en cualquier nivel jerárquico y formar parte del funcionamiento cotidiano de la organización.

Entre las causas más frecuentes de conflicto se encuentran:

▸ **Falta de comunicación o información incompleta.**
▸ **Interpretaciones erróneas de instrucciones o mensajes.**
▸ **Distribución desigual de tareas o responsabilidades.**
▸ **Presión por plazos o cargas de trabajo elevadas.**
▸ **Diferencias de valores, actitudes o estilos de trabajo.**

No todos los conflictos tienen la misma intensidad. Algunos se resuelven de manera rápida mediante el diálogo, mientras que otros requieren la intervención de responsables o mediadores.

Cuando no se gestionan adecuadamente, pueden generar consecuencias negativas como:

▸ Deterioro del clima laboral.
▸ Descenso de la productividad.
▸ Aumento del estrés.
▸ Falta de cooperación.

Sin embargo, si se abordan de forma constructiva, los conflictos pueden favorecer el aprendizaje organizativo y mejorar la toma de decisiones.

6.7.2 Estrategias de resolución

Resolver un conflicto exige aplicar estrategias que permitan comprender el origen del problema y encontrar soluciones equilibradas. La improvisación suele conducir a respuestas emocionales poco eficaces, por lo que resulta recomendable seguir un enfoque estructurado.

Entre las estrategias más utilizadas destacan:

Análisis de la situación

Identificar qué ha ocurrido, quiénes están implicados y cuáles son los intereses en juego.

Escucha activa

Permitir que todas las partes expresen su punto de vista sin interrupciones favorece la comprensión mutua.

Búsqueda de intereses comunes

Centrarse en objetivos compartidos facilita la cooperación y reduce la confrontación.

Negociación

Consiste en alcanzar acuerdos aceptables para todas las partes, evitando posturas rígidas.

Mediación

Cuando el desacuerdo persiste, la intervención de una tercera persona neutral puede ayudar a reconducir la situación.

Orientación a soluciones

Es preferible concentrarse en cómo resolver el problema que en determinar responsabilidades.

Aplicar estas estrategias contribuye a transformar el conflicto en una experiencia de mejora tanto individual como colectiva.

6.7.3 Comunicación asertiva

La comunicación asertiva es la capacidad de expresar ideas, necesidades u opiniones de forma clara y respetuosa, sin adoptar actitudes agresivas ni pasivas. Se trata de una habilidad fundamental para prevenir y resolver conflictos en el entorno laboral.

Una persona asertiva:

▶ Defiende sus puntos de vista con respeto.
▶ Escucha las opiniones ajenas.
▶ Evita el lenguaje ofensivo.
▶ Mantiene el autocontrol incluso en situaciones de tensión.

Algunas pautas para practicar la comunicación asertiva incluyen:

- Utilizar mensajes en primera persona, como "considero" o "necesito", evitando acusaciones.
- Describir los hechos de manera objetiva.
- Proponer alternativas de solución.
- Cuidar el tono de voz y el lenguaje corporal.

La asertividad favorece relaciones profesionales más equilibradas, reduce malentendidos y facilita la cooperación.

6.7.4 Inteligencia emocional aplicada

La inteligencia emocional es la capacidad de reconocer, comprender y gestionar las propias emociones y las de las demás personas. En el contexto laboral, esta competencia resulta especialmente valiosa para afrontar situaciones conflictivas con serenidad y eficacia.

Entre sus componentes principales se encuentran:

Autoconocimiento emocional

Permite identificar cómo influyen las emociones en el comportamiento.

Autorregulación

Ayuda a controlar reacciones impulsivas y mantener una actitud profesional.

Empatía

Facilita comprender las perspectivas y sentimientos de otras personas.

Habilidades sociales

Favorecen la colaboración, el diálogo y la construcción de relaciones positivas.

Aplicar la inteligencia emocional en la resolución de conflictos implica actuar con calma, evitar respuestas defensivas y buscar soluciones que beneficien al conjunto de la organización.

Las personas que desarrollan esta competencia suelen adaptarse mejor a entornos cambiantes y contribuyen a generar un clima laboral más saludable.

6.8 ENTREGA Y DISTRIBUCIÓN DE DOCUMENTACIÓN

La entrega y distribución de documentación es una actividad fundamental dentro de la gestión administrativa y organizativa. Garantiza que la información llegue a las personas adecuadas en el momento oportuno, permitiendo la continuidad de los procesos de trabajo y facilitando la toma de decisiones.

Una gestión incorrecta de la documentación puede provocar retrasos, errores operativos, incumplimientos legales o vulneraciones de la confidencialidad. Por este motivo, las organizaciones establecen normas y procedimientos que regulan cómo deben entregarse los documentos, quién debe recibirlos y qué controles deben aplicarse durante el proceso.

La profesionalidad en esta tarea exige atención al detalle, organización, responsabilidad y respeto por las políticas internas de la entidad.

6.8.1 Normas básicas de entrega

Las normas de entrega constituyen el conjunto de directrices que garantizan que la documentación se distribuya de forma segura, ordenada y eficiente. Su aplicación reduce el riesgo de extravíos y asegura la integridad de la información.

Entre las normas más relevantes destacan:

- **Verificar el contenido antes de la entrega**, comprobando que el documento es el correcto y está completo.

- **Respetar los niveles de confidencialidad**, evitando que personas no autorizadas accedan a la información.

- **Utilizar los canales oficiales de la organización**, tanto físicos como digitales.

- **Registrar la entrega cuando sea necesario**, dejando constancia de la fecha y del destinatario.

- **Mantener el orden documental**, evitando mezclar documentos de distinta naturaleza.

El cumplimiento de estas normas contribuye a fortalecer la fiabilidad de los procesos internos y a proyectar una imagen profesional.

6.8.2 Identificación del destinatario

Identificar correctamente al destinatario es un paso esencial para asegurar que la documentación llegue a quien corresponde. Un error en esta fase puede comprometer la confidencialidad o generar retrasos en la gestión.

Para evitar incidencias, es recomendable:

▶ Confirmar el nombre y el cargo de la persona receptora.

▶ Verificar el departamento o unidad organizativa.

▶ Comprobar direcciones físicas o electrónicas.

▶ Asegurar que el destinatario está autorizado para recibir la información.

En organizaciones de gran tamaño, donde intervienen múltiples áreas, esta verificación adquiere especial importancia.

Además, cuando la documentación contiene datos sensibles, puede requerirse la identificación formal de la persona receptora mediante firma, acreditación o sistemas electrónicos de autenticación.

6.8.3 Control de plazos

El control de plazos es un elemento clave en la distribución documental, ya que muchas comunicaciones están vinculadas a procedimientos administrativos, compromisos contractuales o requerimientos legales.

Una entrega fuera de plazo puede tener consecuencias relevantes, como la paralización de trámites o el incumplimiento de obligaciones normativas.

Para gestionar adecuadamente los tiempos, se recomienda:

▶ Priorizar la documentación urgente.

▶ Planificar las entregas con antelación.

▶ Utilizar herramientas de seguimiento, como agendas o sistemas digitales.

▶ Confirmar la recepción cuando el plazo sea crítico.

El respeto a los plazos refleja responsabilidad profesional y contribuye al buen funcionamiento de la organización.

6.8.4 Procedimientos internos

Los procedimientos internos establecen cómo debe realizarse la entrega de documentación dentro de la organización. Estos protocolos buscan estandarizar las actuaciones y garantizar que todas las personas trabajadoras sigan criterios homogéneos.

Habitualmente, los procedimientos contemplan aspectos como:

- Canales autorizados para la distribución.
- Personas responsables de la entrega.
- Sistemas de registro y control.
- Medidas de seguridad aplicables.
- Tratamiento de documentación confidencial.

Conocer y aplicar estos procedimientos permite reducir errores, mejorar la coordinación entre departamentos y asegurar la trazabilidad de los documentos.

Además, el respeto a los protocolos internos forma parte de la cultura organizativa y refuerza la calidad del servicio.

6.8.5 Formatos de entrega

La evolución tecnológica ha ampliado los formatos en los que puede entregarse la documentación. Actualmente, conviven los soportes tradicionales con los digitales, cada uno con sus ventajas y requisitos específicos.

Entrega en formato físico

Incluye documentos impresos, mensajería interna o correspondencia postal. Aunque su uso ha disminuido, sigue siendo habitual en determinados procedimientos que requieren firma manuscrita o presentación oficial.

Entrega en formato digital

Se realiza a través del correo electrónico, plataformas corporativas, sistemas de gestión documental o herramientas de intercambio seguro de archivos. Este formato destaca por su rapidez y facilidad de almacenamiento.

Entrega mediante sistemas electrónicos seguros

Algunas organizaciones emplean firmas electrónicas, certificados digitales o plataformas de notificación para garantizar la autenticidad y la integridad de la información.

Independientemente del formato utilizado, es fundamental asegurar que el documento sea accesible, legible y esté protegido frente a modificaciones no autorizadas.

6.9 ACTIVIDADES PRÁCTICAS

Actividad 1. Identificación de componentes informáticos

Analiza un equipo informático real o simulado y elabora un informe donde identifiques los principales componentes (CPU, memoria, periféricos y dispositivos de almacenamiento). Explica la función de cada uno dentro del sistema.

☞ El hardware incluye los elementos físicos que permiten la captación, procesamiento y almacenamiento de la información.

Actividad 2. Clasificación del hardware

Diseña una tabla donde clasifiques distintos dispositivos en hardware de procesamiento, almacenamiento, entrada, salida y comunicación. Justifica tu elección.

Actividad 3. Simulación de recepción de instrucciones

Un superior te asigna varias tareas con plazos diferentes. Registra las instrucciones en un formato profesional (agenda o documento digital) y establece prioridades.

☞ Registrar instrucciones facilita el seguimiento de tareas y reduce la dependencia de la memoria.

Actividad 4. Análisis de incidencias comunicativas

Describe una situación ficticia en la que se produzca una pérdida de información o un retraso en la transmisión. Identifica la tipología de la incidencia y propone medidas preventivas.

☞ Las incidencias pueden provocar retrasos, conflictos o pérdidas de información relevante.

Actividad 5. Diseño de un protocolo documental

Elabora un esquema del ciclo de vida de un documento incluyendo: recepción, registro, distribución, resolución y archivo.

☞ El protocolo documental regula la gestión de los documentos para que la información circule de forma ordenada y segura.

Actividad 6. Verificación del destinatario

Simula el envío de documentación sensible y define los pasos para comprobar que la persona receptora está autorizada.

☞ Identificar correctamente al destinatario evita comprometer la confidencialidad.

Actividad 7. Planificación de entrega documental

Crea un cronograma de entrega para varios documentos administrativos, estableciendo prioridades y mecanismos de seguimiento.

☞ Una entrega fuera de plazo puede paralizar trámites o provocar incumplimientos normativos.

Actividad 8. Uso profesional del correo electrónico

Redacta un correo formal incluyendo asunto, mensaje claro y archivos adjuntos adecuados. Después, plantea cómo organizarías ese mensaje en carpetas.

Actividad 9. Transferencia segura de archivos

Describe el proceso para enviar un archivo mediante FTP y señala los riesgos asociados. Propón alternativas más seguras.

☞ FTP transmite información sin cifrado, por lo que se recomienda utilizar variantes seguras como SFTP o FTPS.

Actividad 10. Buenas prácticas de navegación

Elabora una guía breve con recomendaciones para una navegación segura (gestión de cookies, actualización del navegador, uso de conexiones seguras).

☞ La seguridad depende tanto de la configuración del navegador como del comportamiento del usuario.

6.10 CUESTIONARIO

1. **¿Cuál es la función principal del hardware?**

   a) Diseñar programas informáticos

   b) Ejecutar operaciones físicas necesarias para el tratamiento de la información

   c) Gestionar exclusivamente la red

   d) Crear bases de datos

2. **¿Qué dispositivo pertenece al hardware de entrada?**

   a) Monitor

   b) Impresora

   c) Teclado

   d) Altavoz

3. **¿Qué ventaja aporta registrar las instrucciones de trabajo?**

   a) Elimina la necesidad de comunicarse

   b) Reduce la dependencia de la memoria

   c) Sustituye al protocolo organizativo

   d) Evita cualquier incidencia

4. **¿Cuál de las siguientes es una incidencia habitual en la transmisión de información?**

   a) Comunicación bidireccional

   b) Uso de canales adecuados

   c) Distorsión del mensaje

   d) Confirmación de la recepción

5. **¿Qué fase del protocolo documental consiste en anotar la entrada o salida del documento?**

   a) Archivo

   b) Distribución

   c) Registro

   d) Resolución

6. **¿Por qué es importante identificar correctamente al destinatario?**

   a) Para acelerar el archivo

   b) Para evitar errores de formato

   c) Para proteger la confidencialidad y evitar retrasos

   d) Para reducir el número de documentos

7. **¿Qué característica define al correo web?**

   a) Solo funciona sin internet

   b) Permite acceder al correo desde cualquier dispositivo conectado

   c) No dispone de filtros

   d) Requiere instalar software obligatorio

8. **¿Cuál es el principal riesgo del protocolo FTP?**

   a) Su baja velocidad

   b) La falta de compatibilidad

   c) La transmisión sin cifrado

   d) La imposibilidad de enviar archivos grandes

9. **¿Qué permite el protocolo interno de comunicación documental?**

   a) Eliminar los archivos antiguos

   b) Garantizar la circulación ordenada de la información

   c) Evitar toda comunicación informal

   d) Sustituir los sistemas digitales

10. **¿De qué depende en gran medida la seguridad en la navegación web?**

   a) Solo del antivirus

   b) Exclusivamente del proveedor de internet

   c) De la configuración del navegador y del comportamiento del usuario

   d) Únicamente del sistema operativo

✅ Respuestas

   1. B
   2. C
   3. B
   4. C
   5. C
   6. C
   7. B
   8. C
   9. B
   10. C

SÍGUENOS EN INSTAGRAM Y ACCEDE GRATIS A NUESTRA BIBLIOTECA DIGITAL DURANTE 30 DÍAS.

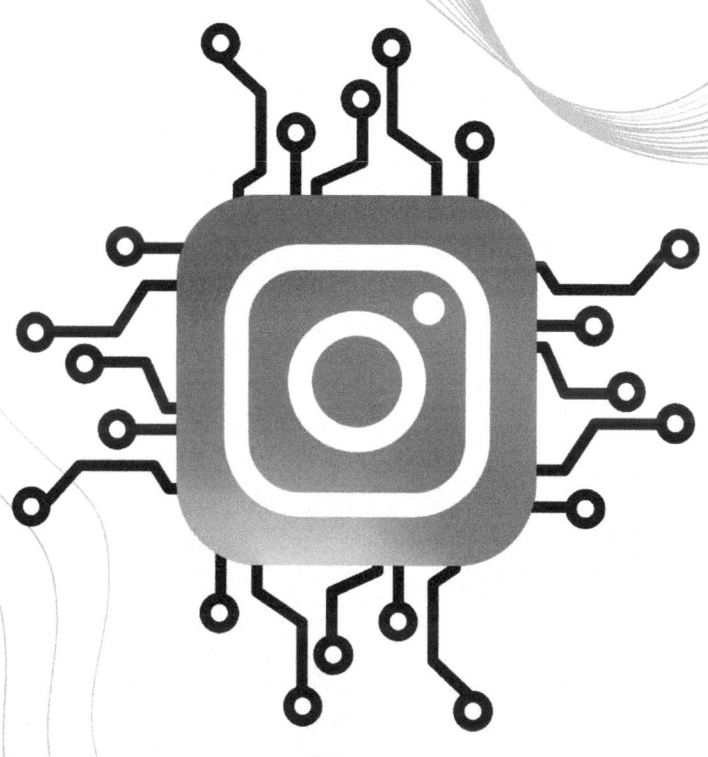

@grupoeditorialrama

¡ENVIANOS TU MAIL POR PRIVADO!

Grupo Editorial
ra-ma

40 ANIVERSARIO